呂思勉手稿珍本叢刊

中國古代史札録

37

葬埋堪輿二

地理一

呂思勉 著

上海古籍出版社

第三十七册目録

葬埋堪舆二

葬埋

周臣夫以子買葬答凶禍 漢四止

五陵 見漢書游俠傳（卷二止）

樊宏言棺柩一藏不宜復見如有腐敗傷孝子之心使與夫人同墳異藏 後漢書本傳（六二止）

東園署名 主知棺槨 後漢書梁統傳（六四止）

玉匣 或作玉柙 漢儀注王侯葬腰以下玉為札長尺廣二寸半為匣下至足亦綴以黃金縷 見後漢書劉盆子傳注 貴人梁竦傳注（六四止） 朱暉傳注 天子之制（四三止） 又見禮儀志注（六六止）

葬埋

黄腸以柏木黄心為椁 後書梁統傳注引華嶠書音義（六四下）

秘器棺也 後書袁安傳注（七五下）

「漆畫」謂以朱飾畫棺 同右

袁安訪求葬地道逢三書生指一處云葬此地當世為上公 後書本傳（七五上）

吳雄喪母營人所不封土喪事趣辦

不問時日醫巫皆言當族滅 後書郭躬傳（七六上）

漢陪陵法周公墓 魏武建安廿三年六月令 見本紀（一上）

葬埋

夫餘有槨無棺（國志云有棺無槨）殺人殉葬多者以百數（志同）其王葬用玉匣漢朝常豫以付玄菟郡王死則迎取以葬焉（以上書本傳）（陸27）（志云夏月皆用冰）

高句驪男女已嫁娶便稍作送終之具金銀財幣盡於送死（國志同）（本略同）

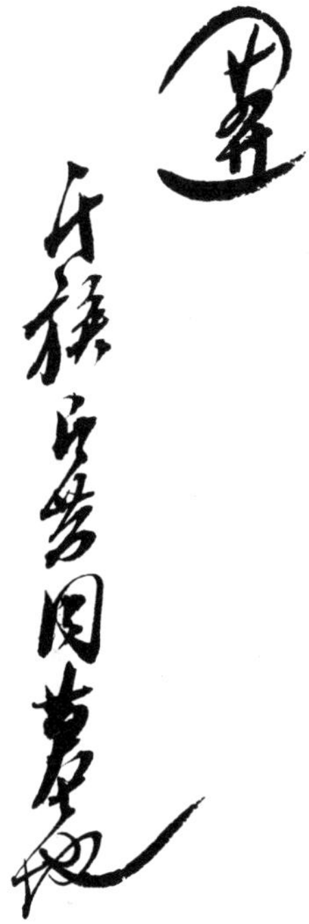
遺著

葬

十歲之子以權之墓前新物比之方數

論衞兆佛葬

論存書

論作墓閔子死葬之說

存古葬為

葬

袁伯楚之不主合葬

妻死不哭

風俗通(三)六(三)作

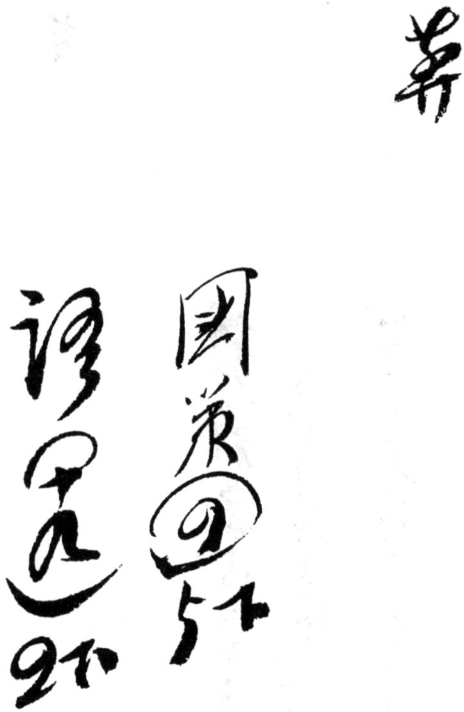
葬

葬

稱舍於墓 晉人先懼 左傳廿八 奔墓 又襄廿五

又臧孫知墓謀 昭廿五 哭而還墓 哀二 掘墓焚之 哀廿六

宋文公卒始厚葬 成二

葬

瓦棺　堲周墓　石椁

見考古门东北新石器时代……

葬

安陽盗墓 田野考古报告页92 93 清縣見168

古盗墓167

古之葬 修173至180

又193 194 197 200

葬

[illegible]叔来杭，[illegible]付姜叔[illegible]传闻[illegible]至葬[illegible]子园之两山

楼船之[illegible]之子孙人造鼎足之之[illegible][illegible]

椁周

檀弓疏言四重之棺棺上下四方悉周帀惟椁不周下有茵上有抗席故也如求古録禮說卷八棺椁考駁之言衣周於身云云數周字皆當一例

「凡言重疊皆以兩為一重，兩不可言重，故再重之下即曰不重，而無一重之文」。檀弓天子之棺四重，鄭注「謂再重者不言一重」，又謂一重二物，再重三物，三重四物，重之稱先實」。

求古錄禮說

八權稽考

葬

「漢律曰列侯墳高四丈關内侯以下至庶人各有差」

春官冢人注

葬

下曲禮國君去其國止之曰奈何去社稷也大夫
曰奈何去宗廟也士曰奈何去墳墓也

葬

楚人謂冢爲琴

疑當作岑　水經注21/16

使吾〻稗子來哉

於射司射適次袒決遂執弓挾乘矢於弓外見鏃於弣右巨指鉤弦 注古文挾皆作接

罪如此則使吾〻稗子來哉〻來〻哉為極羲

葬

孟嘗君冢

檀雞石冢

水經河水注 卷廿五 頁八、十八

葬

齊桓公冢

水經淄水注 26 17

葬

晏嬰葬近市〻〻宅

水經淄水注 26 22

葬

虞上用瓦棺夏以木為裹

白虎通疏證十二論棺槨厚薄之制

夏后氏墓文云云疏證

蘇秦

[illegible]

據其書蘇秦之說[illegible]陳說生何母去歸

及秦既蘇秦之後相[illegible]

說秦兄人如今燕一縣會是也

恭

記說與陰陽家請從寬

閏第十四、六　上覆說克權謹

葬

改葬

○五月葬桓王此未有言崩者何以書葬蓋

改葬也改更也改葬服輕不當月月者時無非常之變禮故惡録之書者諸侯當有恩禮

疏此未有言崩者○解云桓十五年經書三月乙未天王崩何言未有言崩者正以此年事不相接故也○蓋改葬也○解云案宣三年郊牛之口傷改卜牛經即書其改卜此若改葬經宜書改而不書改者蓋以天王之崩去此七年是改可知何勞書改乎其改卜牛須書改者若直言卜牛嫌卜前口傷之牛故須言改以明之傳必知改葬者正見春秋說云恒星不見周人榮奢改葬桓王冢死尸復擾終不覺之文故也○注改葬至録之○解云言改葬服輕者即喪服云改葬緦是也言不當月月者欲決昭二十二年六月叔鞅如京師葬景王之文也言時無非常之變者即決禮有非常之變者將亡失尸柩之時改葬也言榮奢改葬者即春秋說云恒星不見夜明周人榮奢改葬桓王冢死尸復擾終不覺之文也若然案春秋說改葬在恒星不見之後即宜在七年之末而在三年者宋氏云由三年改葬故七年恒星不見夜明者正由今日榮奢改葬故也云故惡録之者謂由此之故惡而繫録之也○注書者至恩禮○解云文九年傳云王者不書葬此何以書不及時書過時書注云重録失時我有往者則書注云謂使大夫往也惡文公不自往故書葬以起大夫會之然則此改葬桓王非彼之類而得書者欲見諸侯當有恩禮故也

蓋卅

喪礼

改葬

○五月葬桓王傳曰改葬也若實改葬當言改以明之郊牛之口傷改卜牛是也傳當以七年乃葬故謂之改葬疏傳曰改葬也○釋曰傳云改葬而范進之者以經不言改故知非改葬也傳言改者以見喪踰七年已行吉禮今始反服喪服故謂之改葬又感精符云恒星不見夜中星隕如雨而王不懼使榮叔改葬桓王冢奢麗大甚如讖之言則改葬桓王在恒星不見之後故范謂此時非改葬也改葬之禮緦舉下緬也緦者五服最下言舉下緬上從緦皆反其故服因葬桓王記改葬之禮不謂改葬桓王當服緦也猶晦震夷伯之廟因明天子諸侯之制不謂夷伯非魯之大夫也甯之先君與蔡司徒論之詳矣江熙曰葬稱公舉五等之上改葬禮緦舉五服之下以喪緬藐遠也天子諸侯易服而葬以爲交於神明者不可以純凶況其緬者乎是故改葬之禮其服唯輕言緬釋所以緦也○緦息詞反緬亡善反遠也疏注緦者至緦也釋曰五服者案喪服有斬衰齊衰大功小功緦麻是也改葬之禮各從本服但緦麻者是五服之下故傳云改葬之禮緦者舉下以緬上也不謂改葬桓王之時唯服緦耳蔡司徒者謂蔡謨也江熙以爲改葬之禮其服唯輕故云天子諸侯易服而葬以證唯緦耳知天子諸侯易服而葬者檀弓云弁絰葛而葬與神交之道也鄭云云接神之道不可以純凶天子諸侯變服而葬冠素弁以葛爲環絰既虞卒哭乃服受服也變服者謂未葬以前服麻葬則易之以葛也或曰郤尸以求諸侯停尸七年以求諸侯會葬非人情也○郤尸去畧反又去逆反杜預云尸未葬之通稱天子志崩不志葬必其時也何必焉舉天下而葬一人其義不疑也志葬故也危不得葬也曰近不失崩不志崩失天下也京師去魯不遠赴告之命可不踰旬而至史不志崩則亂可知疏注京師至可知釋曰王城去魯纔餘千里赴喪者旬日而至史不記崩亂可知也

穀莊三

礼書

棺制

棺 馬 人挽の、

若其有罪絞縊以戮 絞所以縊人物。縊一賜反戮音六 桐棺三寸不設屬辟 屬辟棺之重數王棺四重君再重大夫一重。桐棺三寸禮記云夫子制於中都四寸之棺五寸之槨以斯知不欲速朽也鄭康成注云此庶人之制也案禮上大夫棺八寸屬六寸下大夫棺六寸屬四寸無三寸棺制也棺用難朽之木桐木易壞不堪爲棺故以爲罰墨子尚儉有桐棺三寸不設屬音燭注同次大棺也辟步歷反注同親身棺也禮大夫無辟重直龍反下同王棺四重禮記云水兕革棺被之其厚三寸杝棺一梓棺二杝棺辟也梓棺二屬與大棺也被水牛及兕之革爲一重辟爲二重屬爲三重大棺爲四重君再重君謂侯伯子男侯伯已下無革棺屬與辟爲一重大棺爲再重上公則雖無水革耳兕革與辟爲一重屬爲再重大棺爲三重大夫一重大夫唯屬與大棺爲一重今云不設辟者時僭耳非正禮也

疏 注屬辟至一重○正義曰禮喪大記云君大棺八寸屬六寸椑四寸上大夫大棺八寸屬六寸下大夫大棺六寸屬四寸是屬辟爲棺之重數也大記之文從外向內大棺之內有屬屬之內有椑椑親身之棺鄭玄云椑堅著之意也如記文大夫無椑今簡子自言有罪始不設辟者鄭玄云趙簡子云不設屬椑時僭也爲時僭日久自言無罪則僭設有罪乃不設耳記言士棺六寸檀弓又云夫子爲中都宰制四寸之棺五寸之椁鄭玄云爲民作制民猶四寸簡子言三寸者亦示其罰之重令制度卑於民也記有杝棺梓棺杝謂椵也不以桐爲棺簡子言桐棺者鄭玄云凡棺用能溼之物梓椵能溼故禮法尚之桐易腐壞亦以桐爲罰也檀弓又云天子之棺四重鄭玄云尚深邃也諸公三重諸侯再重大夫一重士不重又云水兕革棺被之其厚三寸杝棺一梓棺二四者皆周鄭玄云以水牛兕牛之革以爲棺被革各厚三寸合六寸也此爲一重杝棺一所謂椑棺也梓棺二所謂屬與大棺也檀弓之文自內向外水牛之革一也兕牛之革二也二者相襲乃得爲重故以此二者爲一重也又有椑也屬也大棺也此是天子四重爲數五棺爲四重也與大記之文君有大棺也椑也屬也大夫有大棺也屬也鄭玄注檀弓天子之棺四重以是君之上公革棺不被三重也諸侯無革棺再重也大夫無椑一重也士無屬不重也是上公數四棺爲三重諸侯數三棺爲再重大夫數二棺爲一重士以一棺爲一重也杜之此注惟無上公士耳其言重數與鄭同也若然禮器云天子葬五重諸侯葬三重大夫葬再重以多爲貴也彼重亦當謂棺而其數皆較一者鄭玄云天子葬五重者謂抗木與茵也葬者抗木在上茵在下然則茵以藉棺抗爲負土天子及諸侯大夫皆數彼以增棺數故皆多較一也杜言此棺之重數者以明不設屬辟爲罰也

素車樸馬 以載柩。樸普卜反柩其又反

疏 素車樸馬。正義曰素車無飾謂不以翣柳飾車也曲禮云大夫去國爲位而哭乘髦馬鄭玄云髦馬不鬚落也則此樸馬亦謂不鬚落用此以載柩也雜記稱士喪有與天子同者三其終夜燎及乘人專道而行然則柩皆人挽此用車馬載者禮言乘人設法許之耳道遠者當用牛馬且此言亦爲罰也

無入于兆 兆葬域

疏 無入于兆。正義曰周禮冢人云凡死於兵者不入兆域鄭玄云戰敗無勇投諸塋外以罰之此言不入兆域亦罰也

下卿之罰也 爲衆設賞自設罰所以能克敵。爲于僞反

哀二

表[illegible]孔

○君即位而爲椑。椑謂杝棺親尸者椑堅著之言也言天子椑內又有水兕革棺○椑蒲麻反徐扶益反杝尸棺杝音移著直略反兕徐里反 歲壹漆之。若未成然○漆音七 藏焉。虛之不合。○令力政反本又作合

疏 君即至藏焉○正義曰此一節論人君尊即位得爲棺之事君諸侯也言諸侯則王可知也椑杝棺也漆之堅強贊贊然也人君無論少長而體尊備物故亦即位而造爲此棺也椑謂杝棺親尸者也古者天子椑內有水兕而諸侯無但用杝在內以親尸也○歲一漆之者雖爲尊得造亦供用故不欲即成但每年一漆示如未成也唯云漆杝則知不漆杝棺外屬等藏焉者棺中不欲空虛如急有待也虛之不令也令善也言若虛空便爲不善故藏物於其中一本爲虛之不合者謂不以蓋合覆其上既不合覆不欲令人見故藏焉

君即位而爲椑 —— 杝棺親尸者

喪禮

喪棺釘

奠席在饌北斂席在其東大斂奠而有席彌神之

疏○注大斂至神之○釋曰云彌神之者以其小斂奠無巾大斂奠有巾巳是神之今於大斂奠又有席是彌神之也

掘肂見衽肂埋棺之坎者也掘之於西階上衽小要也喪大記曰君殯用輴欑至于上畢塗屋大夫殯以幬欑置于西序塗不暨于棺士殯見衽塗上帷之又曰君蓋用漆三衽三束大夫蓋用漆二衽二束士蓋不用漆二衽二束

疏○注肂埋至二束○釋曰云肂埋棺之坎者肂訓為陳謂陳尸於坎鄭即以肂為埋棺之坎也知於西階上者檀弓孔子云夏后氏殯於東階殷人殯於西階之上故知士亦殯于西階之上此殯時雖不言南首南首可知鄭注上文云如商祝之事位則尸南首以檀弓又云葬於北方北首三代之達禮也禮運云故死者北首生者南鄉亦據葬後而言則未葬巳前不忍異於生皆南首唯朝廟時北首故既夕云正柩于兩楹閒用夷牀注云是時柩北首必北首者朝事當不背父母以首鄉之故也引喪大記者云畢塗屋者畢盡也四面及上盡塗之如屋然云大夫殯以幬欑置于西序者大夫不得如人君於西階離序而四面欑之大夫但逼西序以木幬覆棺背欑置於西序云塗不暨于棺者彼注云欑中狹小裁取容棺暨及也但欑木不及棺而巳云士殯見衽塗上者即此經掘肂而見其小要於上塗之而巳云帷之者鬼神尚幽闇君大夫士皆同也云又曰君蓋用漆三衽三束者古者棺不釘彼鄭注云用漆者塗合牝牡之中也衽小要也棺蓋每一縫為三道小要每道為一條皮束之故云君蓋用漆三衽三束大夫士降于君故二衽二東大夫有漆士無漆也引之者證經肂與衽之義也

棺入主人不哭升棺用軸蓋在下軸輁軸也輁狀如牀軸其輪輓而行

疏○注軸輁至而行○釋曰云輁狀如牀軸其輪者此注文畧案既夕云遷于祖用軸注云軸輁軸也軸狀如轉轔刻兩頭為軹輁狀如長牀穿桯前後著金而關軸焉大夫諸侯以上有四周謂之輴天子畫之以龍是也

士喪禮夕禮卅七

堂夾若爲陳列皇氏以爲庶羞其義非也云公食大夫禮曰宰夫自東房薦豆六設于醬東者鄭引以證下大夫六豆之義云此食下大夫而豆六則其餘著矣者下大夫六豆設于堂下。則天子之豆二十有六諸公十有六諸侯十有二亦設于堂上顯著可知故云其餘著矣云聘禮致饔餼於上大夫堂上八豆設于戶西者證明此經上大夫八豆之義也按公食大夫禮亦有上大夫八豆之文必引聘禮上大夫者此以公食大夫是食禮聘禮上大夫是致饔餼禮欲見食與饔餼堂上豆數同故鄭此云凡致饔餼堂上豆數亦如此謂亦如此食下。大夫之禮云周禮公之豆四十其東西夾各十有二侯伯之豆三十有二其東西夾各十子男之豆二十有四其東西夾各六此豆數皆周禮掌客文其陳于堂上以東西夾此鄭以意量之按聘禮致饔餼於上大夫堂上八豆西夾六豆東方亦如之此是堂上東西夾各設其豆東西夾又減於堂上之數上公堂上十六豆故知東西夾各十二侯伯堂上十二故知東西夾各十也子男堂上亦十二故知東西夾各六也云諸侯七介七牢者周之侯伯也者大行人云上公介九人禮九牢侯伯介七人禮七牢子男介五人禮五牢此獨言侯伯者舉中言也云大夫五介五牢者侯伯之卿使聘者也者按大行人云凡卿大夫士之禮各下其君二等侯伯七介七牢其臣既降二等故卿大夫五介五牢其介數得各下其君二等君牢則以爵等五等之卿同牢今言五牢者唯據侯伯之卿降君二等也其餘牢禮則否云天子葬五重者謂抗木與茵也者明五重之義云葬者抗木在上茵在下者[illegible]者爲槨累木於其四邊上下不周致茵於棺下所以藉棺從上下棺之後又置抗木於槨之上所以抗載於土引士喪禮下篇陳器曰抗木橫三縮二加抗席三加茵用疏布緇翦有幅亦縮二橫三此士之禮一重者引之者證此經葬五重三重之義也皇氏云下棺之後先加折於壙上以承抗席折猶庋也方鑿連木爲之蓋如牀縮者三橫者五無簀於上加折。木抗木之上加抗席三此爲一重如是者五則爲五重茵者藉棺外下緣用淺色緇布爲之每將一幅輒合縫爲囊將茅秀及香草著其中如今有絮縑也而縮二橫三每爲一重也抗木上橫三下縮二以其在上象天天數奇故上三也下象地地數偶故下二也茵則上直二下橫三茵既在下。法地也上數二象地下數三象天以天三合地二人中央也故鄭注士喪禮下篇云謂天三合地二人藏其中焉此皆皇氏之說也今按既夕禮抗木橫三縮二茵縮二橫三鄭注云其用之木三在上茵二在下象天三合地二人藏其中如鄭此注則茵縮二在下皇氏云茵縮二在上橫三在下象天裹於人與鄭注違其義非也云以此差之上公四重者按天子既五諸侯乃三按豆數及棺之重數上公與諸侯不同今諸侯既三明上公四重也熊氏於此明筵之例既是禮之通義今畧載焉熊氏云天子祫祭席五重此文是也禘則宜四重也時祭三重司几筵職是也受神酢席亦然大朝覲大饗食封國命諸侯皆然知者司几筵職文其平常朝覲及燕蓋亦三重席知者以諸侯燕禮有加席故也其卧席則亦下莞上簟則詩斯干所云是也天子待諸侯則莞筵紛純加繅席畫純待諸侯之孤亦然故公食大夫禮注云孤爲賓則莞筵紛純加繅席畫純是也待諸侯之卿大夫則公食云上下大夫蒲筵常緇布純加萑席尋玄帛純注云謂三命大夫是也公食大夫雖是諸侯之法然天子待之亦然也天子於已臣子孤卿以下蓋亦然若其燕此上等之人皆單席故燕禮賓無加席注云燕私禮臣屈也然天子燕臣亦然也祭天則蒲越槀鞂郊特牲云是也自天地以外日月山川五祀則郊特牲鬼神之祭單席是也及司几筵云甸役則設熊席注表貉所設席亦是也顧命席鄭注不用生時席新鬼神之事故也諸侯則司几筵云祭祀席蒲筵繢純加莞席紛純加繅席是祭祀二重也諸侯相朝亦二重也相饗此經二重及郊特牲云大饗君三重席而酢焉於燕則兩重以介爲賓或可賓亦單席也待聘卿大夫諸侯自坐蓋亦兩重也其聘者身則禮時及饗食孤則莞筵藻席卿大夫則蒲筵萑席故聘禮之賓皆筵注引公食大夫禮曰蒲筵萑席公燕則以介爲賓故郊特牲云三獻之介君專席而酢焉此降尊以就卑是也於已臣

数

子則燕禮賓無加席卿辭重席則司宮徹之諸公亦無加席大射則賓有加席以射辯尊卑故也然則饗食已卿大夫亦重席其祭社稷山川亦單席大夫士祭祀止一席也故特牲少牢無異席也其卿大夫依法再重席燕禮賓及卿一席屈也聘賓爲苟敬席屈大射賓雖加席餘卿一席亦屈也然則孤卿大夫再重正也故鄉射注大夫再重席正也然則鄉飲酒諸公三重席者鄉人特尊之也故諸公升如賓禮辭一席使人去之注謙自同於大夫是也大夫再重有諸公則辭加席委于席端主人不徹無諸公則大夫辭加席主人對不去加席注云大夫席再重也卿大夫爲主人正一重席者以賓鄉人之賢者故下之也公食賓坐遂卷加席公不辭者注云贊者以告公公聽之重來優賓也凡儀禮之例一種席皆稱重故燕禮注云重席重蒲筵是也所以鄉射大夫辭加席亦是一種稱加者以上已云公三重大夫再重故變云加耳若餘經雖異席亦稱重則此經是也凡席有兩則稱二重有一則稱一重與榍重別也

喪禮

傳十二年春齊高偃納北燕伯款于唐因其衆也言因唐衆欲納之故得先入唐〇三月鄭簡公卒將爲葬除除葬道。爲于僞反及游氏之廟游氏子大叔族將毀焉子大叔使其除徒執用以立而無庸毀用毀廟具疏執用至廟毀。正義曰用謂毀廟之具若今鍬钁之類也庸亦用也教其除道之徒執所用作具以佇立而無用即毀廟也曰子產過女而問何故不毀乃曰不忍廟也諾將毀矣教毀廟者之辭。女音汝旣如是子產乃使辟之司墓之室有當道者簡公別營葬地不在鄭先公舊墓故道有臨時迂直也司墓之室鄭之掌公墓大夫徒屬之家〇迂音于一音於疏司墓之室。正義曰周禮墓大夫下大夫二人中士八人掌凡邦墓之地域爲之圖令國民族葬鄭之司墓亦當如彼此是掌公墓大夫也言之室有當道者則非司墓自家之室故注以爲徒屬之家猶尚書注云玄孫之親言之以見高祖曾祖之弟皆親親相似毀之則朝而堋堋下棺。朝如字堋北鄧反徐甫贈反禮家作窆徐驗反義同疏注堋下棺。正義曰周禮作窆禮記作封此作堋皆是葬時下棺於壙之事而其字不同是聲相近經篆隸而字轉易耳弗毀則日中而堋子大叔請毀之曰無若諸侯之賓何不欲久留賓子產曰諸侯之賓能來會吾喪豈憚日中無損於賓而民不害何故不爲遂弗毀日中而葬君子謂子產於是乎知禮禮無毀人以自成也。憚待旦反〇夏宋華定來聘通嗣君也宋元

昭十二

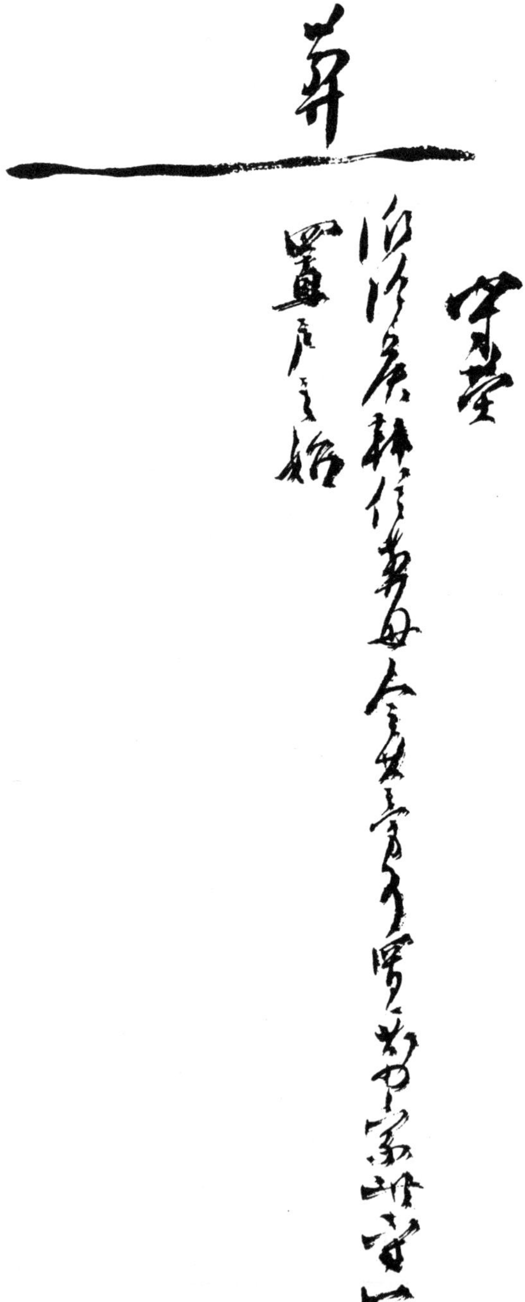

葬

姑蘇自爲乖異杜預註檇里在嘉興縣南靈姑浮越大夫也闔廬使立太子夫差謂曰爾而忘句踐殺汝父乎對曰不敢三年乃報越【集解】駰案越絕書曰闔廬冢在吳縣昌門外名曰虎丘下池廣六十步水深一丈五尺桐棺三重澒池六尺玉鳧之流扁諸之劍三千方員之口三千槃郢魚腸之劍在焉卒十餘萬人治之取土臨湖葬之三日白虎居其上故號曰虎丘【索隱】此以爲闔廬謂夫差夫差對闔

吳以奢失伯葬家

師而立太子昭是爲齊孝公宋以桓公與管仲屬之太子故來征之以亂故八月乃葬齊桓公【集解】皇覽曰桓公冢在臨菑城南七里所菑水南【正義】括地志云齊桓公墓在臨菑縣南二十一里牛山上亦名鼎足山一名牛首崗一所二墳晉永嘉末人發之初得版次得水銀池有氣不得入經數日乃牽犬入中得金蠶數十薄珠襦玉匣繒綵軍器不可勝數又以人殉葬骸骨狼藉也

齊失以葬家

葬

葬藏樂器

大喪廞其樂器奉而藏之疏大喪至藏之○釋曰此官所廞謂作晉鼓鼖鼓而已以其當職所擊者也

（鎛師）

春官

大喪廞其樂器及葬奉而藏之廞興也興謂作之奉猶送疏注廞興至猶送○釋曰此所興作即上竽笙巳下皆作之遂以於壙而藏之也大旅則陳之陳於饌處而已不涖其縣疏注陳於至其縣○釋曰此經直言陳之明陳於饌處而已不臨其縣其臨縣者大司樂故大司樂云大喪臨廞樂器注云臨笙師鎛師之屬是也

（笙師）

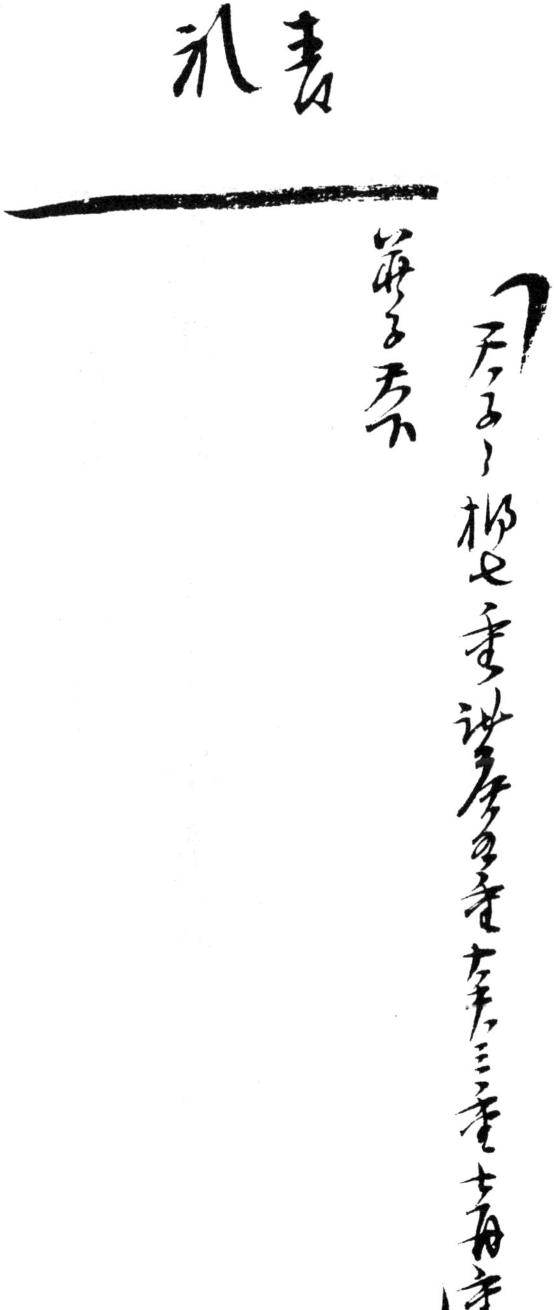
書札

石榔木榔

苑李集林十五卷 東莽

葬札

楚人謂冢為岑

山陵十八、三乃八

葬

爲其違約不祀故伐之事在僖二十六年云民約謂征稅者雖諸侯輸於王者民所稅是常此稅要由民出故云民約云遷移者雖君亦有遷移法若鄭遷於虢之屬是也云仇讎既和者謂若調人云凡和難父之讎辟之海外之屬是也諸侯亦有和難之法故曰君之讎視父是也云若懷宗九姓在晉殷民六族七族在魯衛皆是也者此止以遷移法不似有仇讎也定四年祝佗云分魯公以大路又云殷民六族注云殷民祿父之餘民三十族六姓也條氏徐氏蕭氏索氏長勺氏尾勺氏又分康叔以大路注云復如分周公欲使康叔以化之又云殷民七族陶氏施氏繁氏錡氏樊氏饑氏終葵氏又云分唐叔以大路又云懷姓九宗職官五正注云五正五官之長是其遷移法也以此觀之亦是和之使遷移耳云功約謂王功國功之屬者民功謂若司寇云野刑上功糾力及司馬云進賢興功是也云器約謂禮樂吉凶車服所得用也者謂自天子以下達庶人皆有之禮器籩豆俎簋之屬樂器鐘鼓竽笙之屬吉服祭服吉車巾車所云天子至庶人役車皆是凶之車服雜記云端衰喪車無等是也云摯約謂玉帛禽鳥相與往來也者案大宗伯以玉作六瑞公執桓圭已下是玉又以禽作六摯孤摯皮帛卿羔大夫鴈士雉工商雞庶人鶩皆執以相見是往來也

凡大約劑書於宗彝小約劑書於丹圖　大約劑邦國約也書於宗廟之六彝欲神監焉小約劑萬民約也丹圖未聞或有彫器簠簋之屬有圖象者與春秋傳曰斐豹隸也著於丹書今俗語有鐵券丹書豈此舊典之遺言○與音餘斐音非徐方眉反劉方持反沈芳尾反

疏　注大約至遺言○釋曰知大約劑是邦國者上言掌邦國及萬民之約劑有此二者故大小據而言之六彝之名若司尊彝云雞鳥斝黃虎蜼之等以畫於宗廟彝尊故知使神監焉使人畏敬不敢違之也云或有彫器簠簋之屬有圖象者與者此鄭見時有人爲此說者故云或有案梓人造器有刻畫祭器博庶物也是圖象事亦有似故云與以疑之云春秋傳曰斐豹隸也者襄公二十三年文

若有訟者則珥而辟藏其不信者服墨刑　鄭司農云謂有爭訟罪罰刑書謬誤不正者爲之開藏取本刑書以正之當開時先祭之玄謂訟訟約若宋仲幾薛宰者也辟藏開府視約書不信不如約也珥讀曰衈謂殺雞取血釁其戶○藏才浪反注下皆同爲于僞反

疏　若有至墨刑○釋曰訟謂爭約劑不決者云則珥而辟藏者謂以血塗戶乃開辟其戶以出本約劑之書勘之○注鄭司至其戶○釋曰司約所掌唯約劑之書先鄭以爲爭訟罪罰刑書乃以珥爲祭後鄭皆不從而謂訟約若宋仲幾薛宰者案定元年正月晉魏舒合諸侯之大夫于狄泉將城成周宋仲幾不受功曰滕薛郳吾役也薛宰曰宋爲無道絕我小國於周以我適楚故我常從宋晉文公爲踐土之盟曰凡我同盟各復舊職若從踐土若從宋亦惟命宋仲幾曰踐土固然又士彌牟曰子姑受功歸吾視諸故府仲幾曰縱子忘之山川鬼神其忘諸乎此是訟約法故引之爲證云殺雞者以雜記云割雞當門其衈皆於屋下言衈故知用雞也

若大亂則六官辟藏其不信者殺　大亂謂僭約若吳楚之君晉文公請隧以葬者六官辟藏明罪大也六官初受盟約之貳○隧音遂

疏　注大亂至之貳○釋曰云大亂謂僭約者以其司約者主約故知僭約也既言大亂明是若吳楚之君僭稱王也又如晉文公請隧以葬亦是也案僖二十五年晉文公納定襄王乃請隧以葬隧者請掘地通路上有負土諸侯已下上無負土謂之羨塗天子有負土謂之隧文公請之欲行天子之禮故對曰未有代德而有二王不許之也明罪大止謂僭者也云六官初受盟約之貳者以大司寇云凡邦之盟約太史司會及六官皆受其貳而藏之者是也

秋官司約

喪礼（人稿）

合葬非古 自周公以來

夷人冢墓为寝

世本季氏世子

○季武子成寢武子魯公子季友之曾孫季孫夙杜氏之葬在西階之下請合葬焉許之入宮而不敢哭武子曰合葬非古也自周公以來未之有改也自見夷人冢墓以爲寢欲文過之○葬徐才浪反又如字合如字徐音閤後合葬皆同文如字徐音問吾許其大而不許其細何居命之哭記此者善其不奪人之恩

疏季武至之哭○正義曰此一節明不奪人之恩兼論夷人冢墓爲寢欲文過之事各隨文解之○注武子至孫夙○正義曰案世本公子友生齊仲齊仲生無逸無逸生行父行父生夙夙是公子友曾孫也○注自見至文過○正義曰言文過者武子自云合葬之禮非古昔之法從周公以來始有合葬至今未改我成寢之時謂此冢墓是周公以前之事不須合葬故我夷平之以爲寢不肯服理是文飾其過先儒皆以杜氏喪從外來就武子之寢合葬與孔子合葬於防同又案晏子春秋景公成路寢之臺逢於何盆成适後喪並得附葬景公寢中與此同也○吾許至何居○吾許其大者聽之將喪而入葬是許其大不許其細哭是細也何居居語辭既許其大而不許其細是何道理故云何居

檀弓上

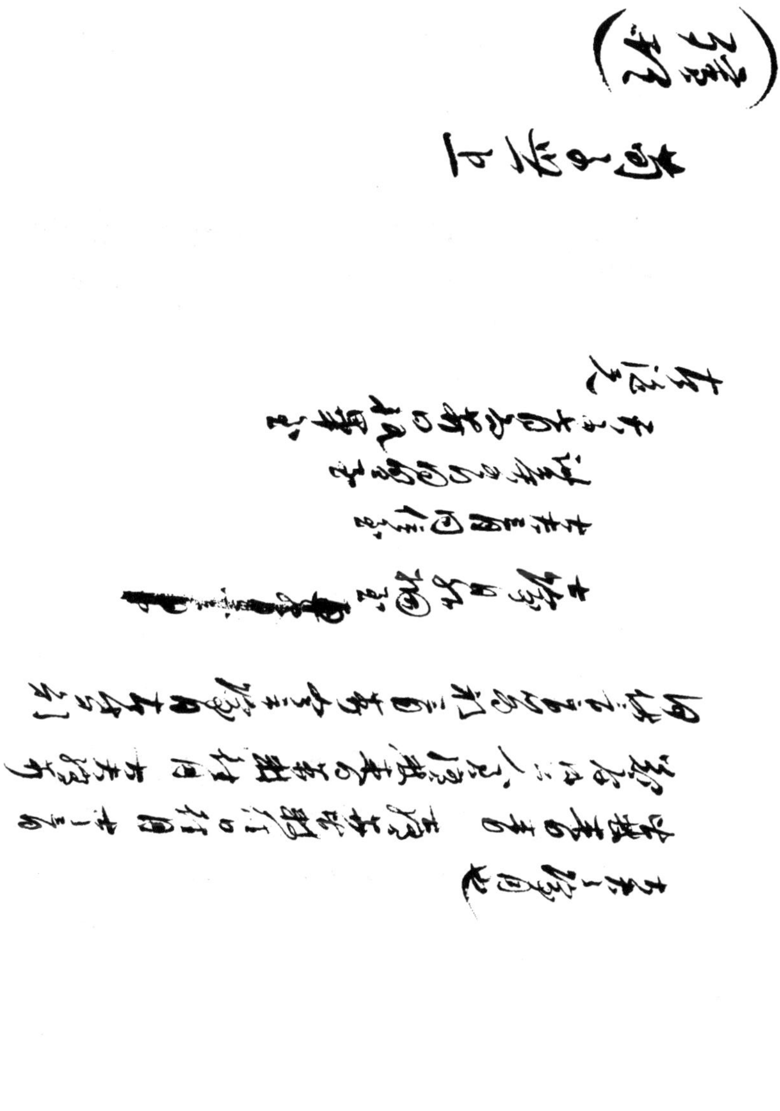

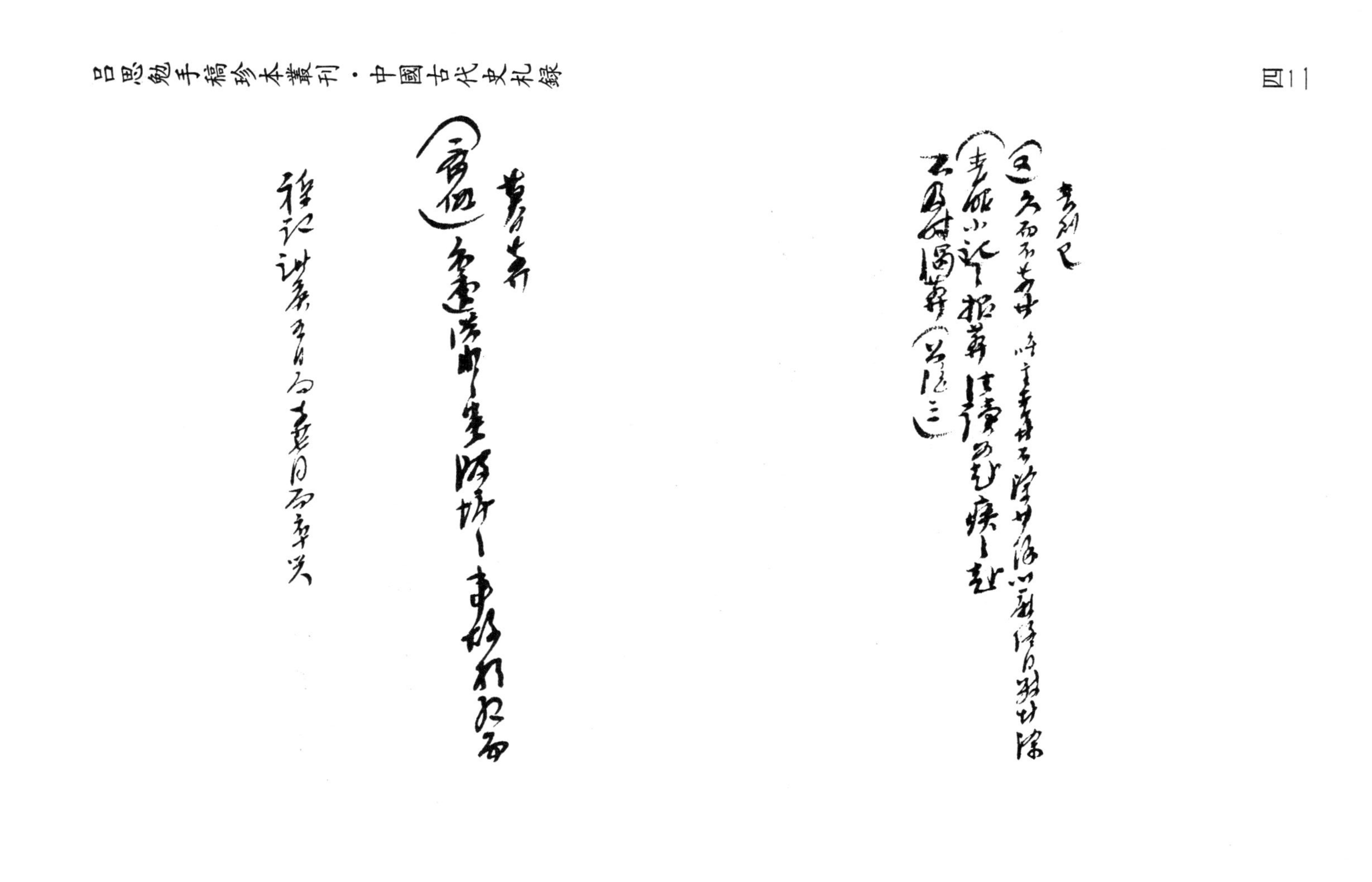

[illegible]已

（又）久而不[illegible]者[illegible]

（[illegible]小記）[illegible]葬[illegible]

[illegible]葬（[illegible]三）

[illegible]

（[illegible]）[illegible]

[illegible]

司墓之室（疏）

訟

族葬將和容凡爭墓地聽其獄

須其志同其分並循其次正域自息

掌其度數使皆有私地域凡爭墓乃

令國民族葬而掌其禁令正其位

（又）墓大夫掌凡邦墓之地域為之圖

別 東峰墓穆也

以其族

凡諸侯居左右以前卿大夫士居後各

先王之葬居中以昭穆為左右

之圖

（春官）冢人掌公墓之地辨其兆域而為

（墓地）

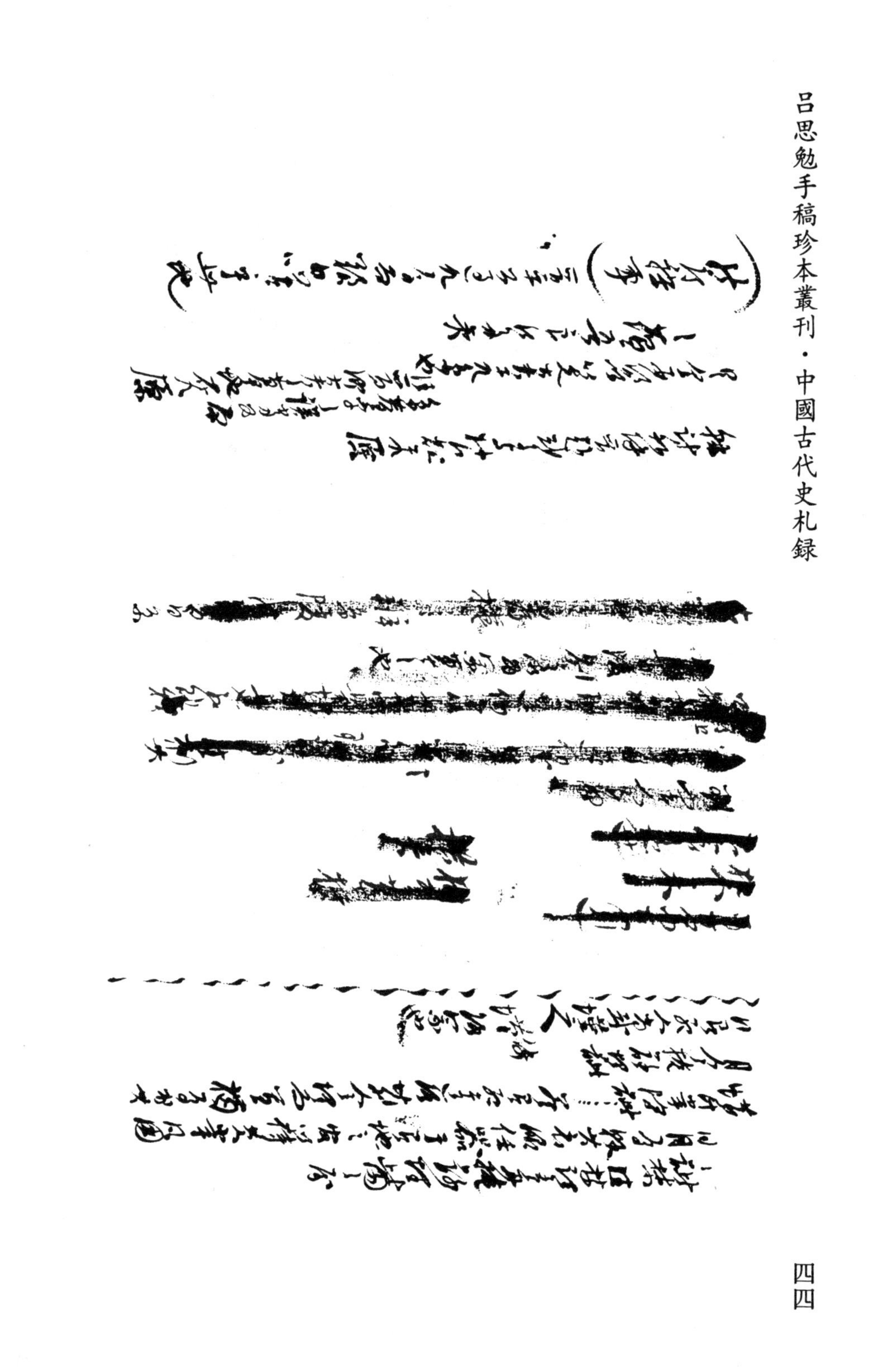

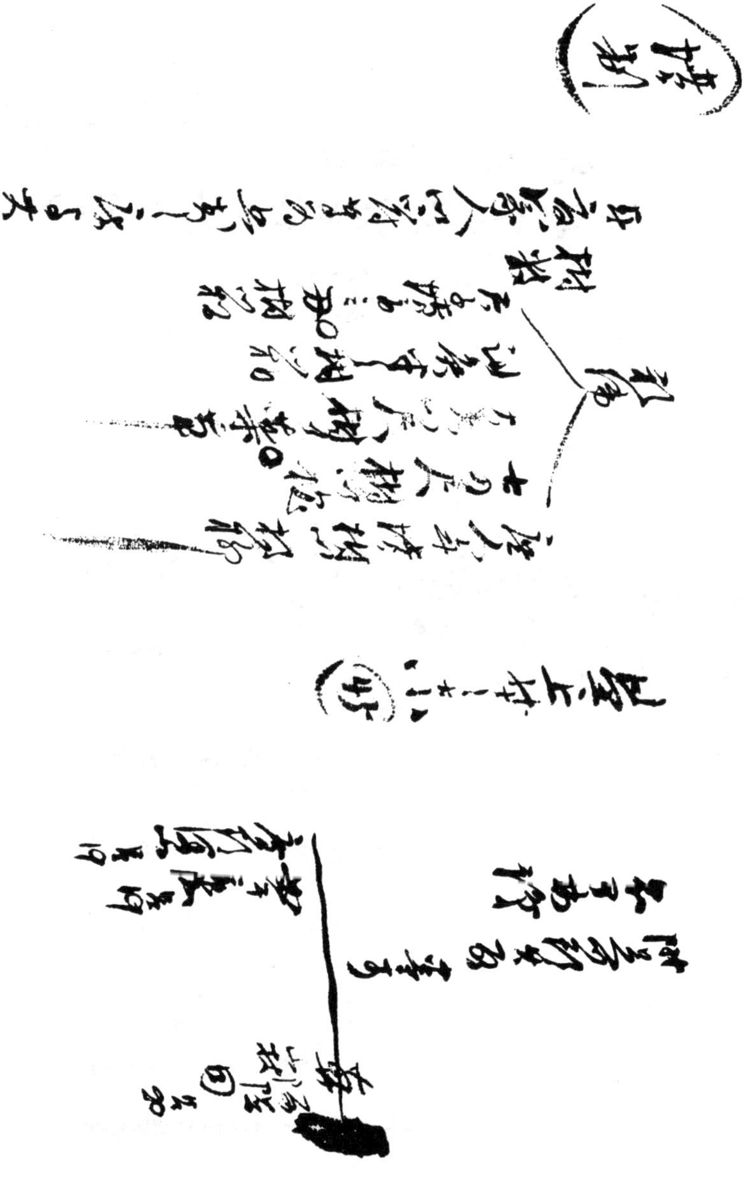

[illegible]

古石器與石器 の尺 石器（57）

神話傳說與[illegible]（56）

從[illegible]古史（49）

[illegible] 47

吳[illegible]（55）

若[illegible]（42）

右見 [illegible]

周口店[illegible]

（家人）[illegible]

（荀子孔子）[illegible]

叢談

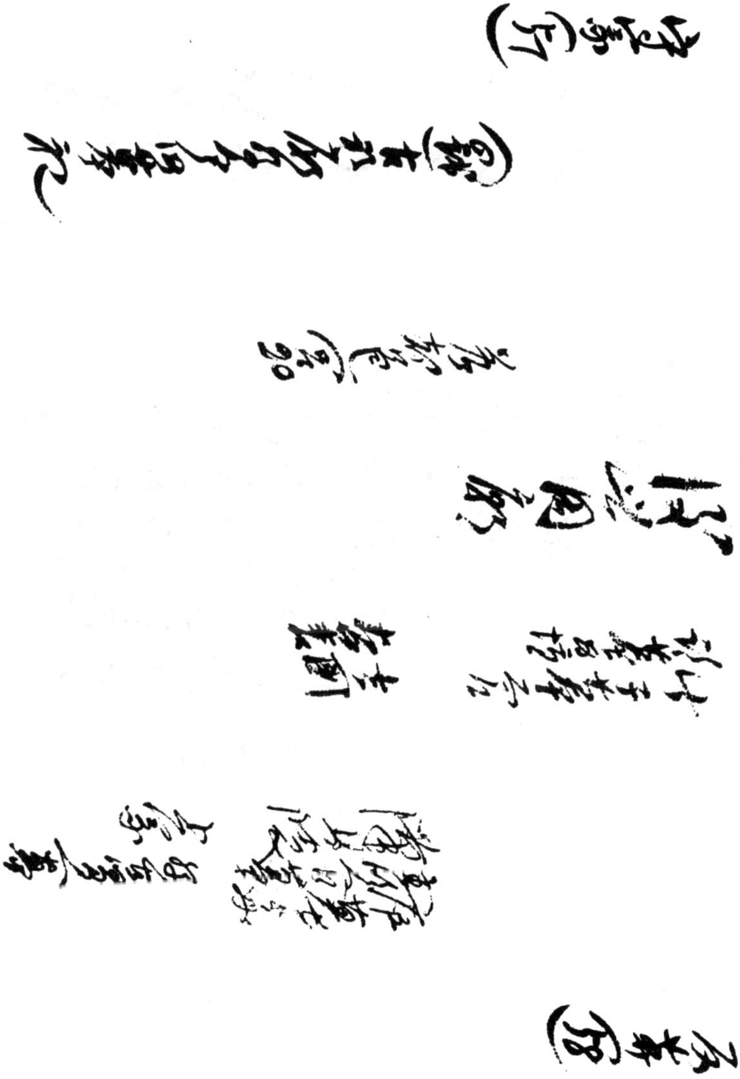

注柳[illegible]也以木爲之

[illegible]人指柳（説詳[illegible]人面門）

[illegible]

[illegible]

[illegible]

注[illegible]燒土[illegible]周杼指也

[illegible]周

（説詳[illegible]）[illegible]

[illegible]

有[illegible]氏板

注[illegible]周[illegible]也[illegible]也

（説詳[illegible]指也）

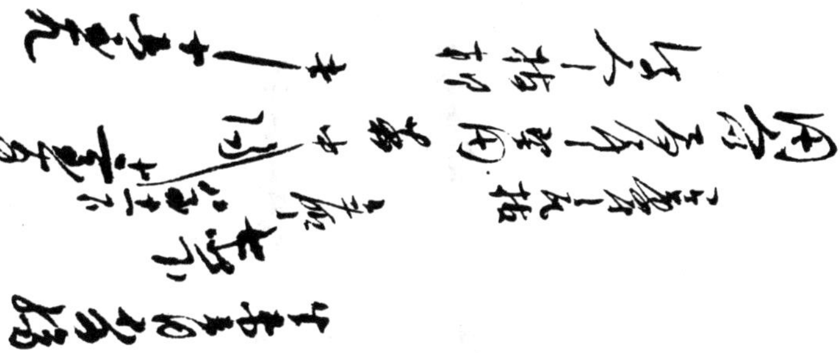

葬

喪葬　中國民族史下册七

葬

防盗墓之池、井

墳及盗墓之風

中国考古学史 163 271

見[redacted]考古發掘方法論68

地理一

地理提要

「地理」一包的札録，内分「地理上」「地理中」「地理下」「地理一」和「地理二」五札。這包札録，大都是吕先生從《史記》《漢書》《隋書》《通鑑》《水經注》等史籍中摘出的資料，也有一些是讀《癸巳類稿》《中國史乘未詳諸國考證》《社會科學史綱》等書籍以及報刊雜誌留下的筆記。

本包札録，大都較爲簡略，除了在天頭或紙角寫有分類名稱，如「地理」「國界」「地圖」「地學」等外，通常只是略摘史籍的原文，或者只在題頭下注明材料的篇名卷第。如第一〇五頁「龍鵠即龍涸，百三六4上」（即《資治通鑑》卷一三六第四頁正面），同頁「三齊三秦，百卅五4下」（即《資治通鑑》卷一三五第四頁反面）。札録中也有不少先生加的按語，如第五五頁録《魏書》材料，按「此以石爲界」；第三五一頁「大水或指海或指淮」條，按「此可見古人之隨文訓釋也」。其他如第一三一、一五〇、一九三等頁，也有長短不一的按語。

「地理」一包，有較多剪報資料，此次整理只收録了一小部分；札録的手稿部分，均按原樣影印刊出。

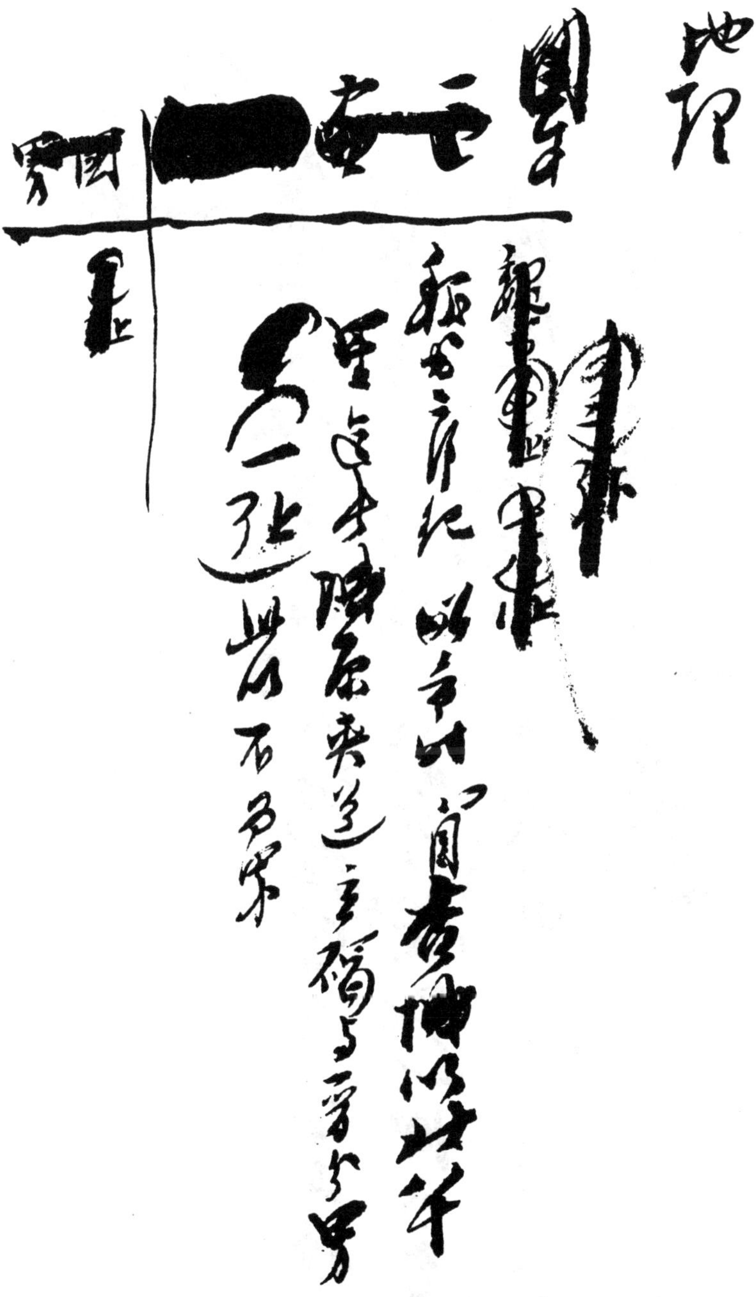

(四)地理

其文宜紀事云「凡論稽實多合古傳本

焚之于大事，考之移行」(七頁)卿又言凡

歷籍審勘多，古傳本，稽之則史書

一事之二、譯、廣」(七頁)

（華北）河北　山西　平原　綏遠　察哈爾　省　北平　天津　市直轄

（東北）遼東　遼西　吉林　黑龍江　松江　熱河　省　撫順　本溪

鞍山市直轄

（華中）湖北　湖南　河南　江西　省　陝西南部　漢口　市直轄

（華南）福建　廣東　廣西　省　廣州

（華東）山東除西部　安徽　江蘇　浙江　省　上海　南京　市直轄

（西北）陝西　甘肅　寧夏　青海　新疆　省　西安　市直轄

石亭河　出[illegible] [illegible]陰間名灌 今[illegible]入[illegible]

[illegible]　城彭西

彭横山　四川彭山縣東

赤祖　[illegible]縣東北

同水　小濟河

乙連　清陽東

[illegible]　平陰東　[illegible]

葛陂　新蔡東北

南河　常山西北

[illegible]　[illegible]陳[illegible]

一[illegible]　宜陽西南河北

[illegible]　[illegible]東北

三[illegible]　鄴[illegible]

十三[illegible]　河[illegible]

[illegible]

宕昌　岷州南

赤亭　下辯西北仇池山南

栗亭　[illegible]北

[illegible]　白[illegible]北

草堂　[illegible]

女花池　汧陽東北

西故　川[illegible]西

[illegible]　臨洮西[illegible]北

長嚴　[illegible]東南

[illegible]　[illegible]南

三交城　[illegible]

[illegible]　[illegible]東

[illegible]　[illegible]北

甘松　臨洮西南

[illegible]　[illegible]

白[illegible]　[illegible]

[illegible]　[illegible]

[illegible]　[illegible]

山泉　[illegible]

[illegible]　[illegible]西北

[illegible]　[illegible]西

[illegible]　九江口[illegible]

[illegible]　[illegible]西南

東[illegible]　[illegible]

馬[illegible]　[illegible]山

[illegible]江　[illegible]江

[illegible]　[illegible]

[illegible]　[illegible]東北

[illegible]　[illegible]

[illegible]亭　[illegible]西南

鹿渾海 三言[illegible]

[illegible]水 出塞道陶林西 西北[illegible]河

南北[illegible]

牛川 出塞道[illegible]西山 東 在北 東南 [illegible]

長川 [illegible]

灅水 桑乾上源 自[illegible]一段

[illegible] 平日[illegible]

[illegible] 甘肅[illegible]

[illegible]部 [illegible]

破洛那 [illegible]

[illegible]松山 [illegible]

東古松山 [illegible]

瓦亭山 甘肅化平西北

[illegible] [illegible]

[illegible] [illegible]

[illegible] 南京[illegible]江

南皇堂 南京市南

在东获西北之安南经北京前北之东南至南左後脂安南至海

大非川 在今青海都兰西北阿尼玛卿山南柯柯诺尔北

浇河 青海贵德西

洮阳 甘肃莊浪西南

崆峒山 甘肃洮河以东南

素巴 甘肃靖远西北

苑川 勇士城东北

鹿堡山 甘肃皋兰东北西北

勇士城 甘肃榆中东北

枹罕 甘肃临夏县

白土 青海巴燕县东南

鸇阴 甘 靖远县西北

乐都 青海乐都县

鄯善 甘肃永登县东

甘松 甘肃临潭西南

允吾 青海民和县

[illegible] 中江 涪江 陀

九真 安南清化附

龍编 石砰镇 安南[illegible]河内东北 林

（山木谷）山西和順北（秀容）忻州西北

（白道）綏遠所附圖

（圭川）綏遠通志作

[illegible]

（歡寺）佛教所 今于闐存於今甘肅

（甘暨律）寧夏靈武西界山

（懷翔）見本書附圖（柔玄）綏遠通典和林

（柔園）綏遠烏刺特旗之察巴克西北

（乙尼陂）三音諾顏、博古和碩西北

（李閑鋪）陝大荔東北

（康那）高臺西南

（樂涫）酒泉東北

（郿川）青海巴燕西南

（臨洮）什邡南

（昌松）甘肅古浪西

（福安）青海民和縣

（萬斛堆）寧夏中衛縣西

（蕃禾）甘肅永昌

（諾曼）蒙藏多羅東

（三堆）蒙藏東北

（大斗拔谷）甘肃西宁府西南

（河源郡）青海辉特南旗西南

（且末郡）新疆婼羌县西

（西海郡）青海和硕特左翼后旗

（一名盐泽也）甘肃平凉地区

（鄯善城）即鄯善城

（石城）即鲁樗楼城

（弱水）三音诺颜右翼中右旗 土谢图汗部右翼右旗北西北

东南、西南、八都界北

（葱园水）[illegible]克山附近三音诺颜中右翼东南、西南、南、

（黑水）為金山 亦即（蒲类水）

（怛般）俟国锁尔白[illegible]东境 以城[illegible]接[illegible]白

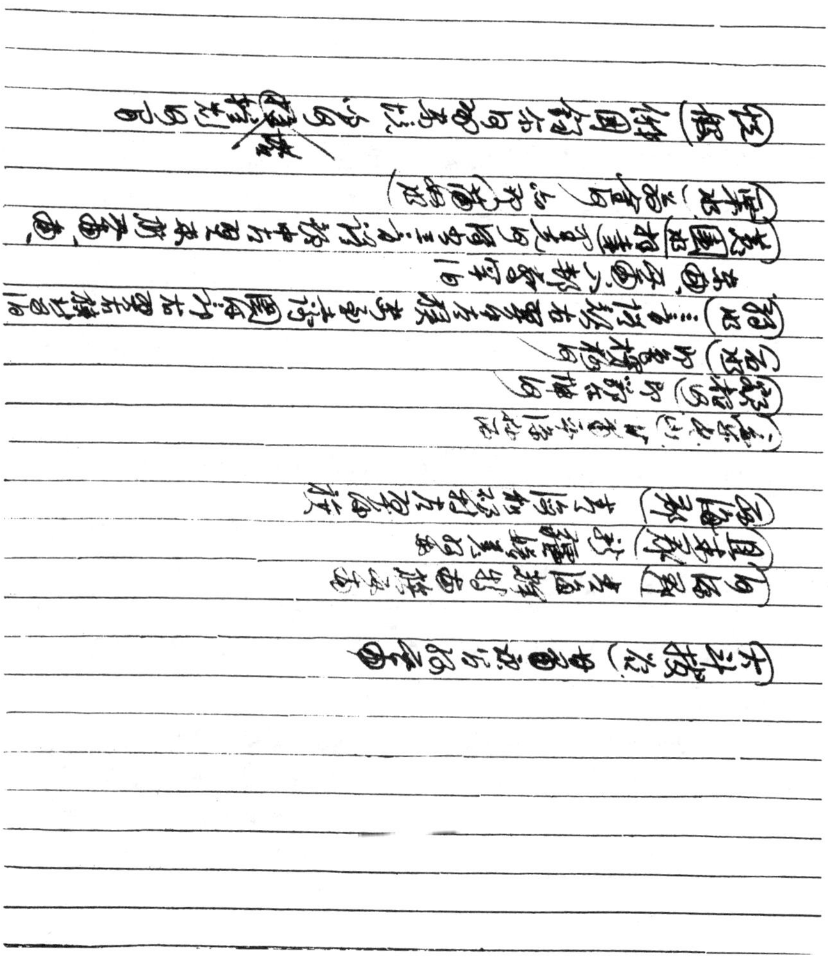

鈞姒 雲南處番
禽莫人 雲南徼白
勞還 雲南徼句
相卬 雲南昆陵

扶姒 古亭句
陳姒 大金句

杜湯 朴樛海 出大唐紀男自樊海 東南 康莊吉旧
蒲縝侯姒 朴卜姓句 出三音 諸族 蠻夷 西南 蠻夷人 蠻姓先旧
蒲姒 蒲安句
姑夏姒 姑句 出杭州 黃、黃、東南人 鄧氏旧
鄧居姒 昕耕句
龍豢姒 鄧安陽句 安信句 同
余魯姒 大隹句
鄧安伸句
鄧中分莫東族原姓 杭州山東、國 東南、東人
甘樹句 匈姒 伊陶樓東安句 出三音諸族姓
栝姒 林佰句
棓姒 烏倫句

泥河 即圖們江

[illegible]水 即[illegible]河

[illegible]

[illegible] 即此先河

[illegible]蘆河 即[illegible]東江

薩[illegible]水 即[illegible]水

白江 即錦江

熊津江 即[illegible]

（奧婁河）即牡丹江（忽汗河）

[illegible]

（僕固都督）即霍布多河出俄　西北流入巴爾喀什湖

（葛邏祿）俄塞米帕勒丁斯克之西　齋桑泊以北

（骨利幹）俄國後貝加爾州西境

[illegible]　俄國費爾干阿克蘇河流域

（大勃律）即今克什米爾之巴勒提斯坦一帶

俄屬帕米爾高原及俄屬費爾干省布哈爾東境

（小勃律）即今克什米爾西北吉爾吉特河流域

（碎葉鎮）俄賽米列齊省托克馬克東北

（綏遠城）即今克什米爾西金伊城

（羊同）即藏古羅西阿里地西南

（[illegible]州）青海和碩特南右翼中旗南　舊明北境

（廓州）青海巴燕戎格廳

（撥換城）新疆温宿府東

（青海道）青海和碩特西右翼中旗西南

（岷州）松潘廳北

（邏娑）西藏拉薩

（鄯州）青海樂都縣

（悉州）四川梭磨土司東北

（翼州）松潘廳南　疊溪營西南

[illegible]

（直轄市）

南京 上海 北平 天津 青島

西京

（新省）

西康巴安 青海西寧 熱河承德 察哈爾

舊全綏遠歸綏 寧夏寧夏

（江蘇省）

鎮江縣 舊丹徒	江寧縣 舊江寧上元 治東山鎮
揚中縣 舊太平廳 江中太平州	上海縣 市成立後 治移北橋
松江縣 華亭婁	川沙縣 舊廳
淮陰縣 清河	淮安縣 山陽
泗陽縣 桃源	漣水縣 安東
連雲市 連雲港附近地	

二

浙江省	新登縣 新城	吳興縣 烏程湖州
	崇德縣 石門縣	南田縣 石浦廳 南田廳 查
	溫嶺縣 太平縣	玉環縣 玉環廳
安徽省	郎溪縣 建平	至德縣 秋浦
	立煌縣	
江西省	南昌縣 市	黎川縣 新城
	資溪 瀘溪	光澤縣 上三未屬
	餘江縣 安仁	橫峰縣 興安
	吉安縣 廬陵	遂川縣 龍泉
	寧岡縣 永寧	蓮花縣 舊廳
	宜豐縣 新昌	尋鄔縣 長寧

定南縣 舊廳
九江縣 德化
浮梁縣 今治景德鎮
修水縣 義寧

（湖北省）
武昌縣 市 江夏
鄂城縣 壽昌
浠水縣 蘄水
英山縣 廿一年自安徽來屬
五峰縣 長樂

（湖南省）
長沙縣 市 長沙善化
岳陽縣 巴陵
臨澧縣 安福

虔南縣 舊廳
永修縣 建昌
婺源縣 廿三年來屬
銅鼓縣 舊廳

漢口市 夏口
陽新縣 興國
蘄春縣 蘄州
宜昌縣 東湖
秭歸縣 歸州

常德縣 武陵
漢壽縣 龍陽
南縣 清南州直隸州

衡陽縣 衡陽 清泉	資興縣 興寧
汝城縣 桂陽 [illegible]	古丈縣 古丈坪廳
大庸縣 永定	

（四川省）

成都市	簡陽縣 簡州
成都縣 華陽縣 清成都府治	廣漢縣 漢州
北川縣 石泉	綿陽縣 綿州
重慶市	涪陵縣 涪州
巴縣 重慶府	合川縣 合州
江北縣 舊廳	武勝縣 定遠
巫溪縣 大寧	開江縣 新寧
宣漢縣 東鄉	萬源縣 太平
城口縣 舊廳	漢源縣 清溪
眉山縣 眉州	邛崍縣 邛州

西康省

馬邊縣 舊廳	資中縣 資州
雷波縣 舊廳	巴中縣 巴州
劍閣縣 劍州	蓬安縣 蓬州
潼南縣 東安	
巴安縣 清巴安府巴塘	康定縣 清府打箭爐
九龍縣	瀘定縣 瀘定橋
雅江縣 河口縣	道孚縣 道塢
理化縣 舊理化廳裏塘	瞻化縣 懷柔縣
稻城縣 稻壩	甘孜縣 舊州
鑪霍縣	丹巴縣
定鄉縣 鄉城地名	昌都縣 舊府察木多
得榮縣 得榮縣	武成縣 地名三巖
寧靜縣 地名江卡	察雅縣 地名乍丫

貢縣　地名貢贊
科麥縣　地名桑郎
鄧科縣　地名登科　清設登科府
白玉縣　舊州
同普縣　地名卡工
碩督縣　舊府

河北省
以清苑為會城
大興縣　今治黃村
安次縣　東安
新鎮縣　保定縣
安國縣　祁縣
淶源縣　廣昌
堯山縣　唐山

山東省

察隅縣　地名雜榆
恩達縣　舊廳
石渠縣　地名色許
德格縣　舊德化縣
嘉黎縣　地名拉里
太昭縣　地名江達
宛平縣　今治盧溝橋
天津縣　今治鹹水沽
徐水縣　安肅
安新縣　安州
大名縣　大名　魏

濟南市 濟南府	桓臺縣 新城
歷城縣 舊今治王舍人莊	無棣縣 海豐
臨沂縣 蘭山	濰縣 萊州
牟平縣 寧海州	廣饒縣 樂安

（山西省）

中陽縣 寧鄉	離石縣 永寧
晉城縣 澤 鳳臺	安邑縣 今治運城
安澤縣 岳陽	汾城縣 太平

（河南省）

開封縣 祥符	淮陽縣 淮寧 陳州府治
許昌縣 許州	沁陽縣 河內
博愛縣	洛寧縣 永寧
臨汝縣 汝州	唐河縣 泚源
方城縣 裕州	汝南縣 汝陽 汝寧府治

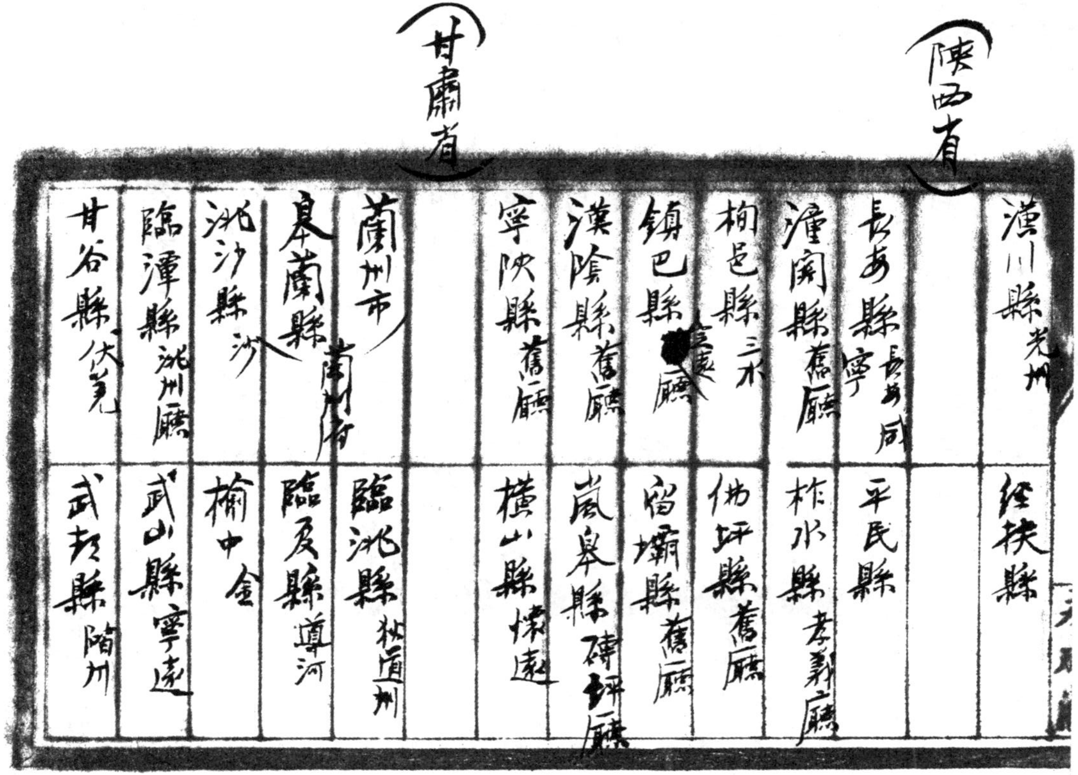

潢川縣 光州	經扶縣
（陝西省）	
長安縣 長安 咸寧	平民縣
潼關縣 舊廳	柞水縣 孝義廳
栒邑縣 三水	佛坪縣 舊廳
鎮巴縣 定遠廳	留壩縣 舊廳
漢陰縣 舊廳	嵐皋縣 磚坪廳
寧陝縣 舊廳	橫山縣 懷遠
（甘肅省）	
蘭州市	臨洮縣 狄道州
皋蘭縣 蘭州府	臨夏縣 導河
洮沙縣 沙	榆中 金
臨潭縣 洮州廳	武山縣 寧遠
甘谷縣 伏羌	武都縣 階州

慶陽縣 安化 慶陽府治	涇川縣 涇州
海原縣 海城	化平縣 化平川直隸廳
民勤縣 鎮番	永登縣 平番
臨澤縣 撫彝廳	

（青海省）

西寧縣	互助縣
大通縣	亹源縣
樂都縣 碾伯	民和縣
循化縣 舊廳	同仁縣
貴德縣 舊廳	化隆縣
湟源縣 丹噶爾廳	共和縣
玉樹縣 玉樹土司	都蘭縣
囊謙縣	同德縣

（福建省）

閩侯縣 閩侯官	永泰 永福
平潭縣 舊廳	廈門市 思明縣
雲霄縣 舊廳	華安縣 華封市
建甌縣 建安甌寧	

廣東省

廣州市 廣州府	中山縣 香山
番禺縣	南海縣 今治佛山
台山縣 新寧	寶安縣 新安
佛岡縣 舊直隸廳	赤溪縣 舊直隸廳
雲浮縣 東安	鬱南縣 西寧
汕頭市	惠陽縣 歸善
新豐縣 長寧	紫金縣 永安
潮安 海陽	南澳縣 舊廳
梅縣 嘉應州	五華縣 長樂

廣西省

蕉嶺縣 鎮平	廉江縣 石城
瓊東縣 會同	萬寧縣 萬
昌江縣 昌化	
省會 桂林	
桂林縣 臨桂	百壽縣 古化
龍勝縣 舊廳	三江縣 懷遠
宜北縣 安化廳	南丹縣 舊土州
武鳴縣 武緣 思恩府治	賓陽縣 賓州
那馬縣 舊廳	蒙山縣 永安州
中渡縣 舊廳	信都 舊廳
邕寧縣 宣化	扶南縣 新寧州
綏淥縣 忠州土州 分扶南	同正縣 永康州
鳳山縣 今土州	龍州縣 舊廳
靖西縣 歸順直隸州	

（雲南省）

昆明市 雲南府治	曲靖縣 南寧 府治 曲靖
昆明縣	巧家縣 舊廳
昭通縣 恩安 府治 昭通	綏江縣 靖江
魯甸縣 舊廳	大關縣 舊廳
澂江縣 河陽 府治 澂江	玉溪縣 新興州
雙柏縣 摩芻	牟定縣 定遠
建水縣 臨安 府治 臨安	峨山縣 嶍峨
箇舊縣 舊廳	馬關縣 安平
廣南縣 寶寧 府治 廣南	富寧縣 富州
瀘西縣 廣西直隸州	思茅縣 舊廳
墨江縣 他郎	景谷縣 威遠廳
緬寧縣 舊廳	騰衝縣 騰越廳
保山縣 永昌 府治	鎮康縣 永康州

龍陵縣 舊廳	大理縣 大和 大理府治
祥雲縣 雲南	洱源縣 浪穹
鳳儀縣 趙州	維西縣 舊廳
中甸縣 舊廳	永勝縣 永北
姚安縣 姚州	車里縣 原土司

（貴州省）

貴陽市	開陽縣 紫江
貴筑縣 貴陽府	定番縣 舊州
羅甸縣 羅斛縣	鑪山縣 清平
麻江縣 麻哈	八寨縣 舊廳
都江縣 舊廳	丹江縣 舊廳
台拱縣 舊廳	劍河縣 清江廳
錦屏縣 開泰	榕江縣 古州廳
下江縣 舊廳	江口縣 銅仁
[illegible]	縣 舊銅仁府治 今銅仁

遼寧省

太平縣 思縣 清 思州府	德江縣 安化
鳳岡縣 鳳泉	郎岱縣 舊廳
平壩縣 安平廳	紫雲縣 歸化廳
安龍縣 南籠 興義府治	興仁縣 新城
關嶺縣 永寧州	盤縣 盤州廳
織金縣 平遠州	水城縣 舊廳
赤水縣 舊廳	
瀋陽縣 承德	東豐縣 東平
營口縣 清直隸廳	黑山縣 鎮安
盤山縣 舊廳	北鎮縣 廣寧二廳
興城縣 寧遠	錦西縣 舊廳
新賓縣 興京 清 西府	鳳城縣 鳳凰直隸廳
桓仁縣 懷仁	莊河縣 舊廳

洮安縣 清靖安	梨樹縣 奉化
突泉縣 醴泉	法庫縣 舊廳

（吉林省）

永吉縣 吉林 清爲府	長春縣 清爲府 土名寬城子
濱江縣 舊廳 即哈爾濱	扶餘縣 清新城府
雙城縣 清府	賓縣 清賓州府
五常縣 清府	榆樹縣 清直隸廳
延壽縣 長壽	延吉縣 清府
寧安縣 清府	琿春縣 舊廳
東寧縣 舊廳	依蘭縣 清府 即三姓
同江縣 清臨江府	密山縣 清府
虎林縣 舊廳	撫遠縣 綏遠州

（黑龍江省）

龍江縣 清爲府 即齊齊哈爾	嫩江縣 清府

大賚縣 舊廳	肇州縣 舊廳
安達縣 舊廳	呼倫縣 清府
臚濱縣 清府 土名滿洲里	綏化縣 清府
呼蘭縣 清府	海倫縣 清府
巴彥縣 舊州	慶城縣 餘慶
通河縣 大通	龍鎮縣 土名龍門鎮
璦琿縣 清直隸廳	呼瑪縣 清直隸廳
（熱河省）	
承德縣 清府	隆化縣 土名皇姑屯
凌源縣 建昌	朝陽縣 清府
赤峰縣 清直隸州	圍場縣 清廳
（察哈爾省）	
萬全縣 即張家口	宣化縣 清府
赤城縣	龍關縣 龍門

（綏遠省）

懷來縣	陽原縣 西寧
懷安縣	蔚縣 舊州
延慶縣 舊州	涿鹿縣 保安州
張北縣 舊張家口廳治	商都縣
保康縣	沽源縣 獨石口廳
多倫縣 多倫諾爾廳	寶昌縣
歸綏縣 旧化、綏遠廳 治旧化城	（包頭市） 包頭鎮
薩拉齊縣 舊廳	（包頭縣
清水河縣 舊廳	托克托縣 托克托城廳
和林格爾縣 舊廳	五原縣 舊廳
臨河縣	武川縣 舊廳
固陽縣	東勝縣 舊廳
豐鎮縣 舊廳	涼城縣 寧遠廳

興和縣舊廳	集寧縣
陶林縣舊廳	
（寧夏省）	
寧夏縣舊府	寧朔縣
靈武縣靈州	鹽池縣花馬池
平羅縣	磴口縣
中衛縣	中寧縣
金積縣寧靈廳	豫旺縣平遠
（新疆省）	
迪化縣舊府	木壘河縣
吐魯番縣	伊寧縣寧遠
綏定縣伊犁府治	霍尔果斯縣
塔城縣塔尔巴哈台直隸廳	額敏縣
烏蘇縣庫尔哈喇烏蘇直隸廳	阿克蘇清溫宿府治（？）

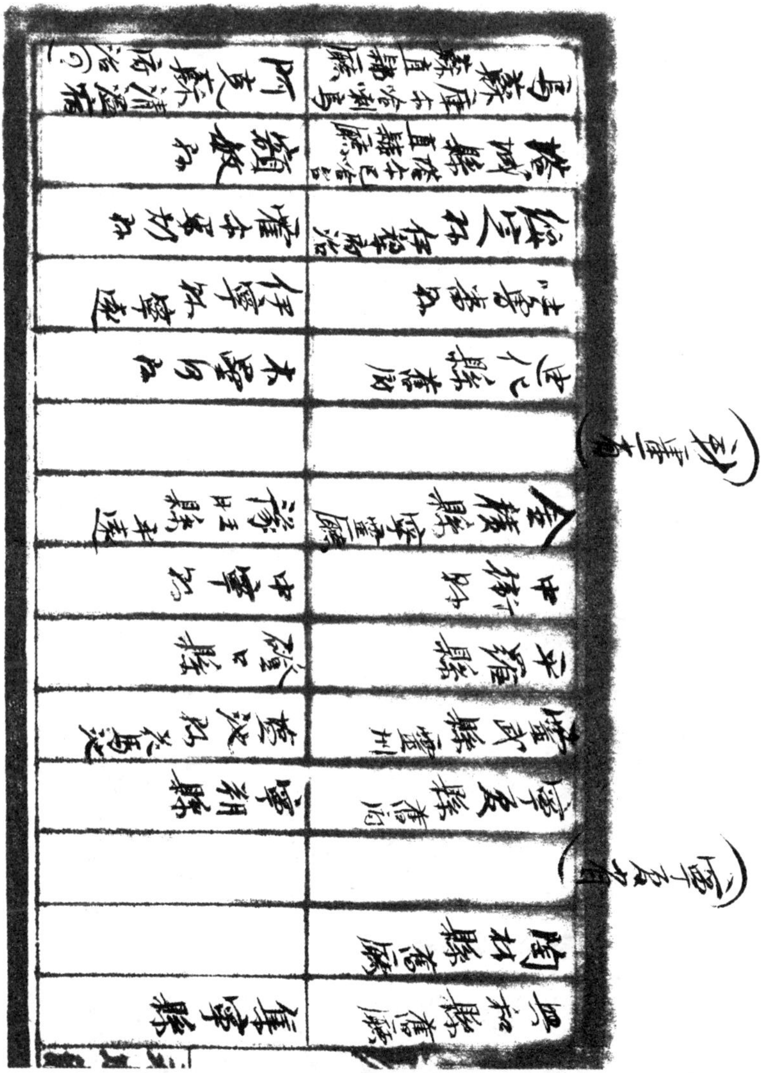

托克蘇縣	麦蓋提庄	英吉沙縣 英吉沙尔直隸廳											
尉犁縣 新平	葉尔羌庄	迪化縣 迪化府											

呼倫貝爾部

索倫左翼旗	呼倫縣
又右翼旗	又
新巴爾虎右翼旗	臚濱縣
又左翼旗	呼倫縣　臚濱縣
陳巴爾虎旗	呼倫縣　室韋縣
額魯特旗	呼倫縣
布里雅特旗	臚濱縣
鄂倫春旗	奇乾縣

（哲里木盟）

依克明安旗	依安縣 拜泉縣
杜爾伯特旗	林甸縣 安達縣
	泰康縣
札賚特旗	景星縣 泰來縣
	大賚縣
郭爾羅斯後旗	肇州縣 肇東縣
又前旗	長春縣 農安縣
	長嶺縣 德惠縣
	乾安縣
科爾沁右翼前旗	洮南縣 洮安縣
俗稱札薩克圖旗	通開縣
又中旗 俗稱圖什業圖旗	瞻榆縣 突泉縣
又後旗 俗稱鎮國公旗又稱	鎮東縣 安廣縣

黑

蘇部右旗	
旗	
又左翼前旗 俗稱賓圖	彰武縣
又中旗 俗稱達爾罕旗	遼源縣 通遼縣
	梨樹縣 雙山縣
	懷德縣
又後旗 俗稱博王旗	昌圖縣 康平縣
	法庫縣

遼

2

（卓索圖盟）

喀喇沁右翼旗	平泉縣
俗稱王旗	
又中旗 俗稱馬公旗	又
又左翼旗 俗稱南公旗	淩源縣
土默特右翼旗	朝陽縣
又左翼旗 俗稱蒙古貞旗	阜新縣
唐古特喀爾喀旗	綏東縣
錫埒圖庫倫旗	又
俗稱小庫倫旗	

熱

昭烏達盟

巴林右翼旗	林西縣
又左翼旗	林東縣
克什克騰旗	經棚縣
翁牛特右翼旗	赤峯縣西南境
又左翼旗	又東北境
敖罕右翼旗	建平縣
又左翼旗	又
奈曼旗	綏東縣 建平縣
喀爾喀右翼旗	綏東縣
扎魯特右翼旗	開魯縣 魯北設治局
又左翼旗	又
阿魯科爾沁旗	天山設治局

（錫林郭勒盟）

烏珠穆沁右翼旗	察哈爾東北境
又左翼旗	又
浩齊特右翼旗	又
又右翼旗	又
阿巴噶右翼旗	又西北境
又右翼旗	又
阿巴噶那爾右翼旗	又
又左翼旗	又
蘇尼特左翼旗	又
又右翼旗	又
（達里岡厓牧場）	又極北境

察哈爾部

商都牧羣（即大馬羣）	商都縣
牛羊羣	多倫縣 寶昌縣
	康保縣
左翼牧羣	寶昌縣
右翼牧羣	寶昌縣 多倫縣
察哈爾左翼正藍旗	多倫縣
又鑲白旗	寶昌縣
又正白旗	又
又鑲黃旗	康保縣
又右翼正黃旗	興和縣 豐鎮縣
又正紅旗	集寧縣 陶林縣
又鑲紅旗	涼城縣
又鑲藍旗	又

綏　察

烏蘭察布盟

旗	縣
四子部落旗	武川縣
喀尔喀右翼旗	又
俗稱達尔罕貝勒旗	
茂明安旗	固陽縣
烏喇特旗（俗稱東公旗）	固陽縣　包頭縣
又中旗（俗稱中公旗）	包頭縣　五原縣
	安北設治局
又前旗	五原縣　安北設治局

以上綏

歸化土默特旗

旗	縣
	歸綏縣　薩拉齊縣
	包頭縣　托克托縣
	和林格尔縣　清水河縣

以上綏

（伊克昭盟）

鄂尔多斯左翼	托克托縣
前旗俗稱準噶尔旗	
又中旗俗稱郡王旗	東勝縣
又後旗俗稱達拉特旗	包頭縣
又右翼後旗俗稱杭錦	臨河縣
旗	
又[redacted]前[redacted]旗	東勝縣
俗稱烏審旗	
又左翼前末旗	又
俗稱札薩克旗	
又右翼中旗俗稱鄂托	陶樂設治局
克旗	

卜　字　段

（阿拉善額魯特旗）	寧夏磴口縣
（額濟納舊土爾扈特旗）	寧夏居延設治局

青海右翼盟

霍碩特南右翼中旗 霍碩特亦作和碩特

又南左翼中旗

又前首旗

土尒扈特南前旗

青海同仁縣

綽尒羅斯北中旗 俗稱哈尒喀貝子旗又稱州峡貝子旗

霍碩特前左翼首旗 俗稱默勒王旗

又西右翼前旗 俗稱默勒札薩克旗

喀尒喀南右翼旗 俗稱喀尒喀札薩克旗

土尒扈特南中旗 俗稱尒安札薩克旗

青海亹源縣東安以西

霍碩特北右旗 俗稱郡目王旗 青海湟源縣札藏寺附近

又南右翼末旗 俗稱摩科札薩克旗 又巴燕

又東上旗 俗稱巴汗尒札薩克旗 又莊 青海都蘭縣南境

又西右翼後旗 俗稱巴薩札薩克旗 又又

嚯碩特西右翼中旗 俗稱宗札薩克旗 青海都蘭縣宗家

綽羅斯南右翼首旗 俗稱爾什克貝勒旗 青海共和縣郭密

輝特南旗 俗稱諾達哈以旗 又拉貢馬

（青海左翼盟）

霍碩特西前旗　俗稱青海王旗

又西旗　俗稱柯柯的貝勒旗

又北左翼旗　俗稱柯尔洛貝子旗

又北左末旗　俗稱盐札薩克旗

又北右末旗　俗稱柯尔洛果札薩克旗

又西右翼中旗　俗稱台吉爱尔札薩克旗

（以上）青海都蘭縣境

又南右翼後旗　俗稱託莫公旗　青海湟源縣西

又南左翼後旗　俗稱阿寶公旗　湟源縣拉拉坡

土尔扈特西旗　俗稱花尔和札薩克旗　又札藏寺西

又南旗　俗稱角昂札薩克旗　青海亹源縣

霍碩特北前旗　俗稱布哈公旗　又

察罕諾們汗旗　俗稱白佛旗　青海都蘭縣北

丁

地理

外國里數。宋時蕃舶。南蕃西南蕃。大抵在交阯之南及西南。
居大海中，浮舶相去三五千里，遠者二三萬里。乘舶舉帆道
里不可詳知。外國諸蕃，隨言里數，非定實也。
更。以十里一説，二十四小時為十更。合二説為一，則一小時約五海里有半。
唐時海路航程，一日百三海里強。唐宋貿易港研究101
山東海道自古畏風濤險惡之時為然。唐宋貿易港研究126
唐時之里約當一英里四分之一。唐宋貿易港研究30
玄奘所記里程，大約五里當一英里。西域南海史地考證譯叢　沙州伊吾閒之日程30
魏晉記傳里程一里約一町一分〇七五里。當今米九百七十七

里　中國日本交通史32

地理

卅・六・廿七

黔省府会议

定番路 惠水

安南路 晴隆

八寨路 丹寨

台拱路 台江

[illegible]——
隋書——
天分——一面[illegible]
函谷——

遼司——隋書
據遼——陽城

○（地）路安曲曰玉川（地址）

○（地）華湖雲間（地址）

（地）陸家（地址）

（地）紹譯府印譯府（地址）

（地）、自郡和至元在七年兩浙府安署

淮合（地址）

○（地）六鎮（隋四）（隋紀）

○（地）壯鎮戍曰六城朔鎮（隋三紀）

○（地）沃野不在六鎮之數（隋五紀）寧若爲律

沃野（隋七紀）

○（地）（又）（廣澤海）（廣澤右）（隋紀）

（石水）（又）

○(地)　龍鵠即龍洞(瑞六上)

地　龍洞本名龍鵠(瑞六上)

○(地)　三子三泰(瑞四下)

(地)　宋儀隴新平沈約亦不載位所黃
儀隴([redacted]大寧五年置三年廢(附[redacted]上)
3

[illegible]營在陵府華林園(瑞上)

(地)　兩城角城(瑞七下)

○（戰）渠水（經注）菟園水（注）已見陂（注）

○（地）某城門　南宮門　蒙門

東華門　西華門　大陽門

郎陽門

○（地）澤中益鷄諸主、南北塋陰、平（經注）（陂注）

[redacted]

（地理）三郡。○郡陽平原平（[illegible]六）

（宋州郡志）「江左諸郡割吳西楚」（元和六年注）（理五）

○（地理）「江左六郡以荊楊之西為○」（之於蛮）（宣注）（理廿）

○（地理）和龍積弩龍（理二卌）

（地理）江淮諸山郡之百千（理九十）

○（地理）清口（理八〇）（理七〇）（理卅〇）

一　雲龍門　後日宮城雷東門
萬春
（乞活）（六卅）（九六卅）（十八卅）
（大將）即東掖擣右西掖　[illegible]
（三世紀）（八卅）
（丹陽尹）（九三卅）
（中堂）（九三卅）
（八付李矩）（九〇卅）

（十七）

「建康与在城，访六静门西已石去，

弟宅者在其学城之外，家记孝园大

访[illegible]墙[illegible]好，山外八年往阮[illegible]」

○（地）洮陽泥和二戍為吐谷渾（隴坻）

地（中堂）畫延
（桂山）—（附北）
（星濮）（白濮）（附北）西濮（附北）
（雷園）（附北）
（西郊）拘刺沙墓城西叔日西郊陵（附下）
（科林）
（摩呵莫門）
隱圻—嶂碕（附北）

鄴北宮華林園　鄴使虎發近郡起華林園

東宮依建康東宮城之李弼杜

蘭池　熊

其後宮　東宮　歷陽

北宮·魯

阿城即秦阿房宮城

黃白城在池陽

（蓮勺）蓮音輦

（允吾）允音鉛（）吾音牙

（李閏）（隴北）

（射山）（[illegible]北）

（西平臨羌）（[illegible]北）

（內水）涪水

（涪水）（岷江）

[illegible]水（[illegible]）

（白水）（[illegible][illegible]北）

（西河）（新安）（隰城）（延川里）（西林之）（西夏）（南林二陰平）（清正）（基城六門）

長川上郡步落稽山（胡）（居）

（高車丶丶東、西北部）

（黑濱）（白濱）（西濱）

（栗園）（栗州）（花園）

（己尼陂）（女水）（新川）

（和龍　黃龍）

[redacted]

（北鎮）

（庫渾海　庫渾道）

（沃野即故胃律道）〻

（石樓故城）（仕亭郡）

（龍鵲城）（龍涸）

（洮陽　泥和）

（真故）

（積故）

常州十子街八號

呂誠之先生台啟

楊林董寄

廿六

地

地理

傳籍

典要

太平寰宇記鄉名　四庫於此書述者有識其缺李吉

據闕以著宋樂史撰[illegible]極[illegible]於前朝人物一一著錄

于題鄉名後又以附注保留其書[illegible]志[illegible]人物藝文

樂史書地理　於記載藝文為地理之變例

太平寰

一西[illegible]之[illegible]志[illegible]

[illegible]與地[illegible]記[illegible]

方志[illegible]州安志周淙知州安府[illegible]

[illegible]宋[illegible]圖[illegible]

之屋上一千卷

四庫全書副本今已散佚

明例行

精繪

皇輿全覽圖

印出縮原以內府輿圖

繪

原尺一寸縮七、八對分

稽任

贵州地图

见崔旧厘书本传

湖北省地图

藝經

地理書

隋志一百四十九卷錄一卷陸澄合山海經以來一百六十家以爲此書

地理

坊頭之名所由來

此條湛出注　九〇．五．廿七

地理

味象篇十軍之論

水經白水注 三〇五六 又淇水注 九〇前

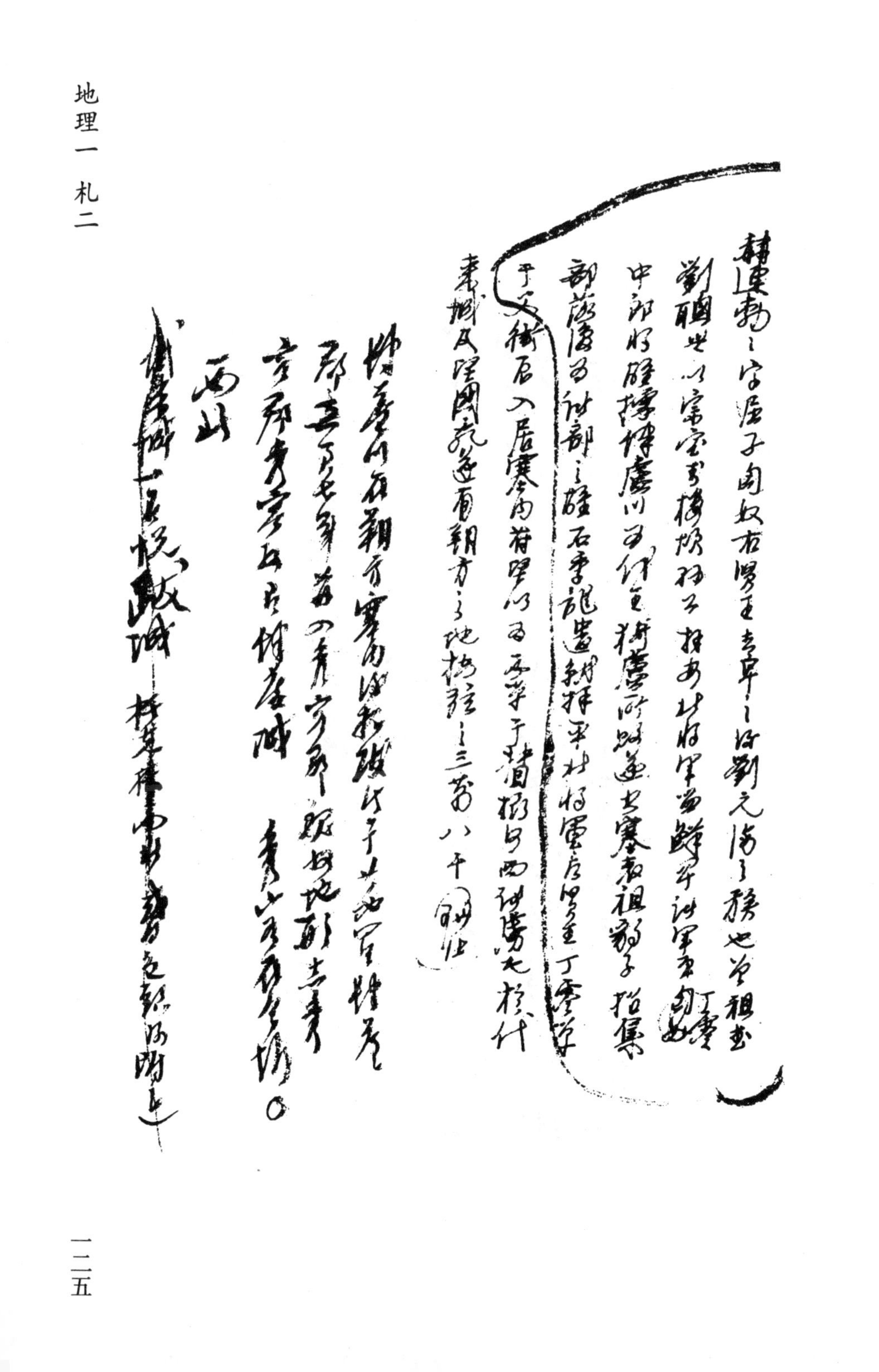

赫連勃勃字屈孑，匈奴右賢王去卑之後，劉元海之族也。曾祖武，劉聰世以宗室封樓煩公，拜安北將軍、監鮮卑諸軍事、丁零中郎將，雄據肆盧川。為代王猗盧所敗，遂出塞表。祖豹子招集種落，復為諸部之雄，石季龍遣使就拜平北將軍、左賢王、丁零單于。父衛辰入居塞內，苻堅以為西單于，督攝河西諸虜，屯于代來城。及堅國亂，遂有朔方之地，控弦之士三萬八千。（[illegible]卅[illegible]）

勃勃所在朔方塞內[illegible]

[illegible]統萬城[illegible]

[illegible]統萬城。[illegible]

西山

統萬城一名[illegible]城　[illegible]

地理、

六鎮參讀第

報告高程記呂~~地~~第八日讀六鎮及

讀第拙六七十以上六鎮兵將所

寫第十冊 則讀第和北六鎮西

地

六鎮

沃野 懷朔 武川 撫冥 柔玄 懷荒

見沈垚落帆樓集一六鎮釋

除撫冥外均指其今地

拔汗

魏地形志原、西高平 當作平高

水經注 二〇四十八

地理

魏以洛陽譙許昌長安鄴為五都

地理通釋以注

地理

六鎮

北狄傳卷首廿二 廿三頁

懷朔鎮城 武川鎮城

又三卷十一 十四頁

帝言 謂東

隱州傳十三、十六 信州傳十四、二十四 饒安州傳十四、七

地理

雒

雒本作洛，以漢都洛陽，改爲雒。

惟

惟王建國釋文

案又見漢志雒陽顏注。考段說文雒洛別，周官職方豫州川洛，雍州浸雒，顏誤承裴松之魏志注。

地—水航（陸路）

地[illegible]說即和說（[illegible]）

[illegible]此[illegible]叢[illegible]（七十四）[illegible]藏[illegible]

陳化[illegible]

[illegible]三[illegible]

四一 廣闕石頭城（第廿四冊）

地

漢郡

秦之郡皆志名下漢志異

其史書異以見秦地也

漢郡國並於志之下異見地也

也

另寫習為第[illegible]札上

地一三吳

第廿六號

中

書籍

地圖

晉書裴秀傳 宋書謝莊傳

陸士衡[illegible]新圖

[illegible]之[illegible]

[illegible]傳[illegible]撰

地理

隋人諸陽年長河内諸庵

諸庵

地説

歷陽之都一夕陷爲湖也

諸湖沿期篇

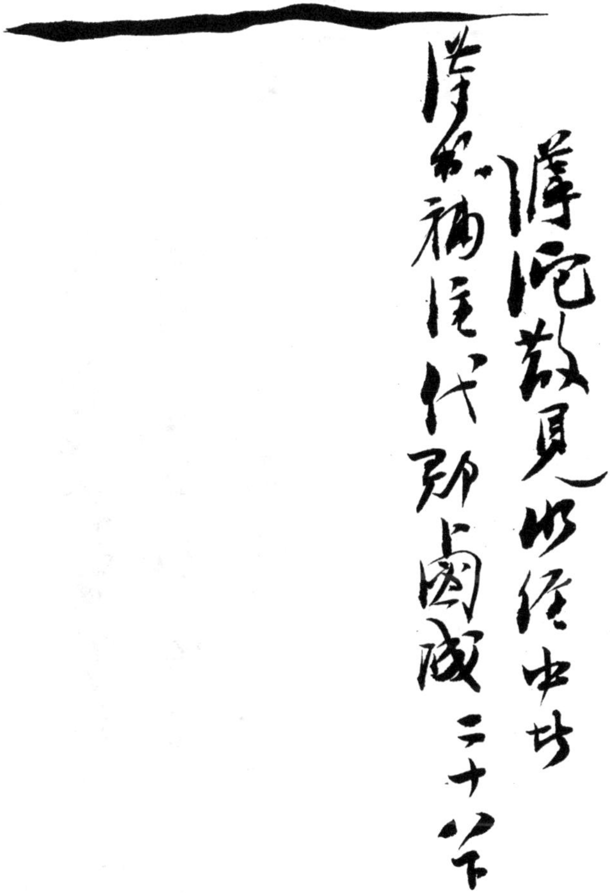

地理

秦滅燕以其都置廣陽郡

秦滅各國其都皆置郡

[illegible]燕廣陽國補注 二十八下二

請為三國政都之 [illegible] 紀于前

梁園棟注

秦卅六郡——見史表部

漢書二十八下三 本書索引乃兩漢學年一書信之

秦卅六郡補注

地理

則知郡訶林之作左右作郡史者

古郡字之誤

見《林手作傳高年考證》

象郡

秦象郡未必確

漢書・補注三十一 日南郡 故秦象郡

一

前漢年三郡年月鞫而有鞫方

漢書補注鞫方郎　卷廿八下一

先祖諱□而寓交郡其居漢朱鳶

移居郡　為為日南郡下屬郡

以人究及

地理

衡山

集解地理志曰〻〻〻在荊之衡山郡鄉

勉案今湘北衡南所

地理

東陽 鄣 吳 秦郡也

郯 陽東西 泗菑 沛北 清河 城陽

楚漢之際分為五郡也

漢補注引高紀六年正月……為荊王下

地理

鴻庵 高廣州

洋補注為總止 劉洪庵以兩局藻之

地理

鄭虞卿 萬何封函

漢補塩分尺一下十二年 即同 敬候下 謝先生 上下

地理

讀州郡 即陳爲

地理七下廿八上一 陳留郡補注

灌水 班志誤為淮 說文誤為[illegible]

[redacted]

漢書補注二十八上二 廬江郡——灌水

出

出

下

漢志魏郡沙縣當作涉縣

顧氏補注

以供展覽郡縣雅志文載，余當陸續入之。

隨時補足

廿六上二　常山郎

武落鍾離山

在長陽縣界，漢志武陵郡佷山。補注

[illegible]

[redacted]

地圖

吴興二十二弄寄和新天進 其去下之豐瑕居

丁 后謀

陳圖

地圖

及高祖起爲沛公何常爲丞督事（索隱）謂高祖起沛令何爲丞常監督庶事也沛公至咸陽諸將皆爭走金帛財物之府分之（索隱）走音奏奏者趣向之也何獨先入收秦丞相御史律令圖書藏之沛公爲漢王以何爲丞相項王與諸侯屠燒咸陽而去漢王所以具知天下阨塞戶口多少彊弱之處民所疾苦者以何具得秦圖書也何進言韓信漢王以

蕭何世家

關於秦[illegible]人[illegible]入

地理

高帝南過曲逆（集解）駰案地理志縣屬中山也（索隱）章帝醜其名改云蒲陰也上其城望見其屋室甚大曰壯哉縣吾行天下獨見洛陽與是耳顧問御史曰曲逆戶口幾何對曰始秦時三萬餘戶間者兵數起多亡匿今見五千戶於是乃詔御史更以陳平爲曲逆侯盡食之除前所食戶牖

劉敬說高帝曰都關中上疑之左右大臣皆山東人多勸上都雒陽雒陽東有城皐西有殽黽倍河向伊雒其固亦足恃留侯曰雒陽雖有此固其中小不過數百里田地薄四面受敵此非用武之國也夫關中左殽函【正義】殽二殽山也在洛州永寧縣西北二十八里函谷關在陝州桃林縣西南十二里右隴蜀【正義】隴山南連蜀之岷山故云右隴蜀也沃野千里南有巴蜀之饒北有胡苑之利【索隱】崔浩云苑馬牧外接胡地馬生於胡故云胡苑之利【正義】博物志云北有胡苑之塞按上郡北地之北與胡接可以牧養禽獸又多致胡馬故謂胡苑之利也阻三面而守獨以一面東制諸侯諸侯安定河渭漕輓天下西給京師諸侯有變順流而下足以委輸此所謂金城千里天府之國也【索隱】此言

乾隆四年校刊

史記卷五十五 世家 三十八

地圖

青翟等與列侯吏二千石諫大夫博士臣慶等議昧死奏請立皇子爲諸侯王制曰康叔親屬有十而獨尊者褒有德也
周公祭天命郊故魯有白牡騂剛之牲羣公不毛賢不肖差也高山仰之景行嚮之朕甚慕焉所以抑未成家以列侯
可臣青翟臣湯博士臣將行等伏聞康叔親屬有十武王繼體周公輔成王其八人皆以祖考之尊建爲大國康叔之
年幼周公在三公之位而伯禽據國於魯蓋爵命之時未至成人康叔後扞祿父之難伯禽殄淮夷之亂昔五帝異制
周爵五等春秋三等〔集解〕鄭玄曰春秋變周之文從殷之質合伯子男以爲一則殷爵三等者公侯伯也皆因時而序尊卑高皇帝撥亂世反諸正〔索隱〕春秋昭公羊傳文
至德定海內封建諸侯爵位二等〔索隱〕謂王與列侯也皇子或在繈緥而立爲諸侯王奉承天子爲萬世法則不可易陛下躬親
仁義體行聖德表裏文武顯慈孝之行廣賢能之路內褒有德外討強暴極臨北海〔正義〕匈奴傳云霍去病伐匈奴北臨翰海西湊月氏〔正義〕

湊音臻氏音支至月氏月氏西戎國名在蔥嶺之西也匈奴西域舉國奉師興械之費不賦於民虛御府之藏以賞元戎〔集解〕駰案詩云[illegible]乘以先啓行毛詩章句
曰元戎大戎謂兵車也車有大戎十乘謂車縵輪馬被甲衡扼之上盡有劍戟名曰陷軍之車所以冒突先啓敵家之行伍也毛傳云夏后氏曰鉤車先正也殷曰寅車先疾也周曰元戎先良也開禁倉以振貧窮減
戍卒之半百蠻之君靡不鄉風承流稱意遠方殊俗重譯而朝澤及方外故珍獸至嘉穀興天應甚彰今諸侯支子封
至諸侯王而家皇子爲列侯〔索隱〕謂立膠東王子慶爲六安王常山王子平爲眞定王商爲泗水王是也臣青翟臣湯等竊伏孰計之皆以爲尊卑失序使
天下失望不可臣請立臣閎臣旦臣胥爲諸侯王四月癸未奏未央宮留中不下丞相臣青翟太僕臣賀行御史大夫
事太常臣充太子太傅臣安行宗正事昧死言臣青翟等前奏大司馬臣去病上疏言皇子未有號位臣謹與御史大
夫臣湯中二千石二千石諫大夫博士臣慶等昧死請立皇子臣閎等爲諸侯王陛下讓文武躬自切及皇子未教羣
臣之議儒者稱其術或誖其心陛下固辭弗許家皇子爲列侯臣青翟等竊與列侯臣壽成等二十七人議〔集解〕徐廣曰蕭何之
玄孫酇侯壽成後爲太常也皆曰以爲尊卑失序高皇帝建天下爲漢太祖王子孫廣支輔先帝法則弗改所以宣至尊也臣請令
史官擇吉日具禮儀上御史奏輿地圖〔索隱〕謂地爲輿者天地有覆載之德故謂天爲蓋謂地爲輿故地圖稱輿地圖疑自古有此名非始漢也他皆如前故事制曰可四
月丙申奏未央宮太僕臣賀行御史大夫事昧死言太常臣充言卜入四月二十八日乙巳可立諸侯王臣昧死奏輿
地圖請所立國名禮儀別奏臣昧死請制曰立皇子閎爲齊王旦爲燕王胥爲廣陵王四月丁酉奏未央宮六年〔集解〕徐廣

地圖

清初李應蘇傳　李清一見後稽山上岸等

圖所見之山川地形時度其遠近陳其業述以圖之

河[illegible]地

史記卷八十八

蒙恬列傳第二十八

蒙恬者其先齊人也恬大父蒙驁（【索隱】驁音遨又鄒氏音五到反）自齊事秦昭王官至上卿秦莊襄王元年蒙驁爲秦將伐韓取成臯滎陽作置三川郡二年蒙驁攻趙取三十七城始皇三年蒙驁攻韓取十三城五年蒙驁攻魏取二十城作置東郡始皇七年蒙驁卒驁子曰武武子曰恬恬嘗書獄典文學（【索隱】謂恬嘗學獄法遂作獄官文學）始皇二十三年蒙武爲秦裨將軍與王翦攻楚大破之殺項燕二十四年蒙武攻楚虜楚王蒙恬弟毅始皇二十六年蒙恬因家世得爲秦將攻齊大破之拜爲內史秦已并天下乃使蒙恬將三十萬衆北逐戎狄收河南（【正義】謂靈勝等州）築長城因地形用險制塞起臨洮（【集解】徐廣曰屬隴西）至遼東（【正義】遼東郡在遼水東始皇長城東至遼水西南至海之上）延袤萬餘里於是渡河據陽山（【集解】徐廣曰五原西安陽縣北有陰山陰山在河南陽山在河北）逶蛇而北暴師於外十餘年居上郡是時蒙恬威振匈奴始皇甚尊寵蒙氏信任賢之而親近蒙毅位至上卿出則參乘入則御前恬任外事而毅常爲內

地圖

漢習蕭何得以爲重要謀，其圖書以地圖爲寶。其山川要塞形勢可以守，數而向將數百千里。

地圖

漢使來恐其捕之乃與太子謀刺之如前計及中尉至卽賀王王以故[illegible]發其後自傷曰吾行仁義見削甚恥之然淮南王削地之後其爲反謀益甚諸使道從長安來爲妄妖言（索隱）如淳曰道猶言路由長安來姚丞云道或作從言上無男漢不治卽喜卽言漢廷治有男王怒以爲妄言非也王日夜與伍被（集解）駰案漢書曰伍被楚人或言其先伍子胥後左吳等案輿地圖（集解）蘇林云輿猶盡載之意（索隱）志林云輿地圖漢家所畫非出遠也部署兵所從入王曰上無太子宮車卽晏駕廷臣必徵膠東王不卽常山王（集解）徐廣曰皆景帝子也諸侯並爭吾可以無備乎且吾高祖孫親行仁義

史記淮南衡山列傳

地圖

而有司奏衡專地盜土衡竟坐免初衡封僮之樂安鄉（文穎曰屬臨淮）鄉本田提封三千一百頃（師古曰提封舉其封界內之總數）南以閩佰為界（師古曰佰者田之東西界也閩者佰之名也佰音莫客反○宋祁曰佰當作陌注及下文並同）初元元年郡圖誤以閩佰為平陵佰積十餘歲衡封（蘇林曰平陵佰在閩佰南誤十餘歲衡乃始封此鄉）臨淮郡遂封真平陵佰以為界多四百頃至建始元年郡迺定國界上計簿更定圖

言丞相府衡謂所親吏趙殷曰（師古曰所親素所親任者）主簿陸賜故居奏曹習事曉知國界署集曹掾明年治計時衡問殷國界事曹欲奈何殷曰賜以為舉計令郡實之（師古曰舉發上計之簿令郡改從平陵佰以為定實）恐郡不肯從實可令家丞上書衡曰顧當得不耳何至上書（師古曰顧念也）亦不告曹使舉也聽曹為之後賜與屬明舉計曰案故圖樂安鄉南以平陵佰為界不足故而以閩佰為界解何（師古曰不足故者不依故圖而滿足也解何者以分解此狀意猶今言分疏也）郡即復以四百頃付樂安國衡遣從史之僮收取所還田租穀千餘石入衡家司隸校尉駿少府忠行廷尉事劾奏衡監臨盜所主守直十金以上（師古曰十金以上當時律定罪之次若今律條言一尺以上一匹以上）春秋之義諸侯不得專地所以一統尊法制也衡位三公輔國政領計簿知郡實正國界計簿已定而背法制專地盜土以自益及賜明阿承衡意猥舉郡計亂減縣界（師古曰猥曲也○宋祁曰南本無承字只云阿丞相衡意浙本作阿承）附下罔上擅以地附益大臣皆不道於是上可其奏勿治丞相免為庶人終於家子咸亦明經歷位九

地圖

漢武三代之鼎彝當遺得與將軍從明出

於秦　臣微旨得與其名書高宮好年出於秦　二

千里之人漢與地圖

祀陰陽[illegible]

正月從上甘泉還奏甘泉賦以風師古曰風讀曰諷其辭曰惟漢十世

將郊上玄定泰畤雍神休尊明號晉灼曰雍祐也休美也言見祐護以休美之祥也師古曰雍聚也明號謂總三皇五帝之號而稱皇帝也雍讀曰擁同符三皇錄功五帝卹亂錫羨拓迹

開緖應劭曰卹憂也亂續也錫與也羨饒也拓廣也時成帝無繼嗣故修祠泰畤后土言神明饒與福祥廣迹而開緖也師古曰羨音弋戰反拓音託於是迺命羣僚歷吉日協靈辰師古曰歷選吉日而合善辰也星

陳而天行師古曰如星之陳象天之行也詔招搖與泰陰兮伏鉤陳使當兵張晏曰禮記云招搖在上急繕其怒太陰歲後三辰也服虔曰鉤陳紫宮外營陳星屬堪輿以壁壘兮梢夔魖

而抶獝狂張晏曰堪輿天地總名也孟康曰堪輿神名造圖宅書者木石之怪曰夔夔神如龍有角人面魖耗鬼也獝狂亦惡鬼也今皆梢而去之師古曰堪輿張說是也屬委也以壁壘委之梢擊也抶笞也梢音山交反魖音虛屬音之欲反抶音

丑乙反獝音揆聿反○宋祁曰韋昭曰魖音昌[illegible]反一作[illegible]虛反蕭該音義曰獝狂無頭鬼也見字林李善曰許慎云堪天道也輿地道也八神奔而警蹕兮振殷轔而軍裝師古曰自招搖至獝狂凡八神也殷轔盛貌也

軍裝爲軍戎之飾裝也轔音來忍反○宋祁曰殷音隱劉攽曰此八神齊之八神也劉奉世曰擊而出之固非八神也蓋自有八神耳蚩尤之倫帶干將而秉玉戚兮飛蒙茸而走陸梁張晏曰玉戚以

玉爲戚秘也晉灼曰飛者蒙茸而亂走者陸梁而跳也師古曰茸音人冢反秘柄也音秘齊總總撙撙其相膠葛兮猋駭雲訊奮以方攘晉灼曰方攘半散也師古曰總總撙撙聚貌也膠葛猶言膠加也訊

亦奮訊也撙音子本反○宋祁曰韋昭曰方攘周禮方相氏蕭該音義依韋昭音相劇本顔注子本反下更有訊音信攘音人羊反八字駢羅列布鱗以雜沓兮柴虒參差魚頡而鳥䀮師古曰柴虒參差不

齊貌也頡䀮上下也柴音初蟻反虒音豸參音初林反頡音胡結反䀮音胡剛反○蕭該音義曰柴一本作傑諸詮賦傑音初綺反虒娩本初擬反翕赫曶霍霧集蒙合兮半散照爛粲以成章師古曰翕赫曶

霍開合之貌也霧地氣發也蒙天氣下也如霧之集如蒙之合也半散照爛言其分布而光明也曶讀與忽同於是乘輿迺登夫鳳凰兮翳華芝師古曰鳳凰者車以鳳凰爲飾也翳蔽也以華芝爲蔽也○宋祁曰兮字

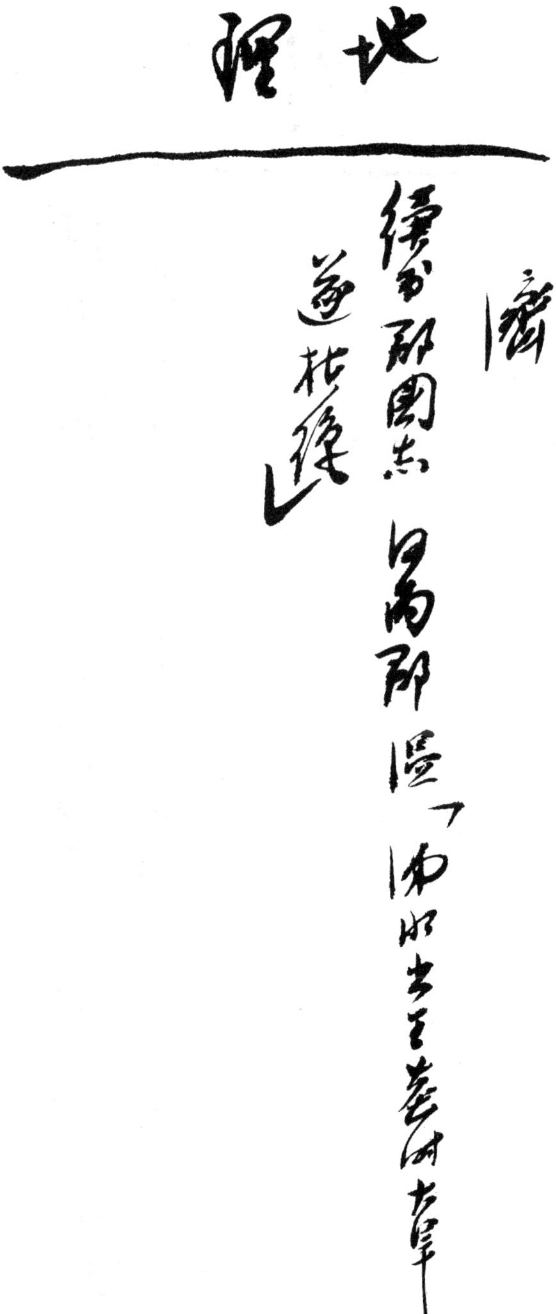
地理

地圖

繪郡圖[redacted] 余擬以新疆從「秦寧圖解」

南京新書原宮廢在霸陵

秦資
讀後經点

地圖

漢代郡班氏，秦地圖書班氏著（班固）

秦參圖補注

琅邪郡秦置莽曰填夷屬徐州師古曰填音竹人反戶二十二萬八千九百六十口一百七萬九千一百有鐵官縣五十一東武莽曰祥善不其有太一仙人祠九所及明堂武帝所起如淳曰其音基海曲有鹽官贛榆師古曰贛音紺榆音踰朱虛凡山丹水所出東北至壽光入海東泰山汶水所出東至安丘入維有三山五帝祠師古曰前言汶水出萊蕪入濟今此又言出朱虛入維將桑欽所說有異或者有二汶水乎五帝祠在維水之上○宋祁曰維郎本作淮諸莽曰諸并師古曰春秋城諸及鄆者梧成靈門有高山壺山浯水所出東北入淮師古曰原即柘字也浯音吾姑幕都尉治或曰薄姑莽曰季睦應劭曰左氏傳曰薄姑氏因之而後太公因之虛水侯國如淳曰虛音墟臨原侯國莽曰塡夷亭琅邪越王句踐嘗治此起館臺有四時祠師古曰山海經云琅邪臺在琅邪之東祓侯國師古曰音廢柜根艾水東入海莽曰祓同如淳曰音巨缾侯國如淳曰音瓶邦膠水東至平度入海莽曰純德師古曰音夫又音扶雩段侯國師古曰雩音許于反段音工下反黔陬故介國也師古曰陬音子侯反雲侯國計斤莒子始起此後徙莒有鹽官師古曰即春秋左氏傳所謂介根也語音有輕重稻侯國皐虞侯國莽曰盈廬平昌長廣有萊山萊王祠奚養澤在西秦地圖曰劇清池幽州藪有鹽官橫故山名台水所出東南至東武入淮莽曰令丘師古曰台音怡東莞術水南至下邳入泗過郡三行七百一十里青州寖孟康曰故鄆邑今鄆亭是也師古曰莞音官術水即沭水也音同魏其侯國莽曰淸泉昌有環山祠茲鄉侯國箕侯國禹貢維水北至都昌入海過郡三行五百二十里兗州寖也椑夜頭水南至海莽曰識命應劭曰音裨高廣侯國高鄉侯國柔侯國即來侯國莽曰盛睦○宋祁曰睦字當作陸麗侯國武鄉侯國莽曰順理○宋祁曰理當作里伊鄉侯國新[illegible]陽侯國昆山侯國參封侯國折泉侯國折泉水北至莫入淮博石侯國房山侯國愼鄉侯國駟望侯國莽曰冷鄉師古曰冷音零安丘侯國莽曰寧鄉高陵侯國莽曰蒲陸臨安[illegible]山侯國

[illegible]批

其明年上郊雍通回中道巡之(集解)徐廣曰在扶風汧縣

春至鳴澤(集解)服虔曰鳴澤澤名也在涿郡遒縣北界從西河歸其明年冬上巡南郡(集解)徐廣曰元封五年也至江陵而東登禮灊之天柱山號曰南嶽(集解)應劭曰灊縣屬廬江南嶽霍山也文穎曰天柱山在灊縣南有祠浮江自尋陽出樅陽(集解)駰案地理志廬江有樅陽縣過彭蠡祀其名山川北至琅邪並海上四月中至奉高脩封焉

黄帝後接封禪書

比陽之縣名元延四年三月隕石都關二師古曰山陽之縣名哀帝建平元年正月丁未隕石北地十其九月甲辰隕石虞二師古曰梁國之縣平帝元始二年六月隕石鉅鹿二自惠盡平隕石凡十一皆有光燿雷聲成哀尤屢

前漢書卷三十八上

地理志第八上

昔在黃帝作舟車以濟不通旁行天下師古曰旁行四出而行之方制萬里畫壄分州師古曰方制制爲方域也畫謂爲之界也壄古野字畫音獲得百里之國萬區是故易稱先王以建萬國親諸侯師古曰易比卦象辭書云協和萬國師古曰虞書堯典之辭也此之謂也堯遭洪水褱山襄陵師古曰褱古懷字與褱同懷包也襄駕也言水大汎溢包山而駕陵也天下分絕爲十二州師古曰九州之外有并州幽州營州故曰十二水中可居者曰州洪水汎大各就高陸人之所居凡十二處○宋祁曰註文南本無九州以下十五字景本無註末凡十二處四字使禹治之水土既平更制九州列五服師古曰其數在下也任土作貢師古曰任其土地所有以定貢賦之差也曰禹敷土師古曰敷分也謂分別治之自此已下皆是夏書禹貢之文隨

功師古曰玄水色也堯以禹治水功成故賜玄圭以表之也自此以上皆禹貢之文後受禪於虞爲夏后氏殷因於夏亡所變改周既克殷監於二代而損益之定官分職改禹徐梁二州合之於雍青師古曰省徐州以入青州并梁州以合雍州分冀州之地以爲幽并故周官有職方氏師古曰夏官之屬也職主也主四方之土地掌天下之地辯九州之國東南曰揚州其山曰會稽師古曰在山陰縣藪曰具區師古曰藪大澤也具區在吳川曰三江𣻮曰五湖師古曰𣻮古浸字也川水之通流者也浸謂引以灌溉者五湖在吳其利金錫竹箭民二男五女畜宜鳥獸師古曰鳥孔翠之屬獸犀象之屬穀宜稻正南曰荊州其山曰衡藪曰雲夢川曰江漢𣻮曰潁湛師古曰潁水出陽城陽乾山宜屬豫州湛水豫州浸並未詳也湛音直林反又音直減反其利丹銀齒革民一男二女畜及穀宜與揚州同河南曰豫州其山曰華師古曰即華陰之華山也連延東出故屬豫州藪曰圃田師古曰在中牟川曰滎雒𣻮曰波溠師古曰滎即流水所溢者也波即上禹貢所云滎波者也溠水在楚亦不當爲豫州浸也溠音莊亞反○宋祁曰流當作沇其利麻漆絲枲民二男三女畜宜六擾師古曰馬牛羊豕犬雞也謂之擾者言人所馴養也擾音人沼反其穀宜五種師古曰黍稷菽麥稻正東曰青州其山曰沂藪曰孟諸師古曰沂山在蓋縣即沂水所出也孟諸即盟豬也川曰淮泗𣻮曰沂沭師古曰沭水出東莞音術其利蒲魚民二男三女其畜宜雞狗穀宜稻麥河東曰兗州其山曰岱藪曰泰壄師古曰即大野其川曰河泲𣻮曰盧濰師古曰盧水在濟北盧縣鄭康成讀曰雷非也其利蒲魚民二男三女其畜宜六擾穀宜四種師古曰馬牛羊豕犬雞黍稷稻麥也正西曰雍州其山曰嶽師古曰即吳嶽也藪曰弦蒲師古曰在汧縣川曰涇汭師古曰汭在豳地詩大雅公劉之篇曰汭鞫之即𣻮曰渭洛師古曰洛即漆沮也在馮翊其利玉石其民三男二女畜宜牛馬穀宜黍稷東北曰幽州其山曰醫無閭師古曰在遼東藪曰豯養師古曰在長廣川曰河泲𣻮曰菑時師古曰菑出萊蕪時水出般陽其利魚鹽民一男三女畜宜四擾師古曰馬牛羊豕穀宜三種師古曰黍稷稻河內曰冀州其山曰霍師古曰在平陽永安縣東北藪曰揚紆師古曰爾雅曰秦有揚紆而此以爲冀州未詳其義及所在川曰漳𣻮曰汾潞師古曰漳水出上黨長子汾水出汾陽北山潞出歸德其利松柏民五男三女畜宜牛羊穀宜黍稷正北曰并州其山曰恒山藪曰昭餘祁師古曰在太原鄔縣鄔音一戶反又音於庶反川曰虖池嘔夷𣻮曰淶易師古曰虖池出鹵城嘔夷出平舒淶出廣昌易出故安虖音呼池音徒河反嘔音於侯反其利布帛民二男三女畜宜五擾師古曰馬牛羊犬豕穀宜五種而保章氏掌天文以星土辯九州之地所封封域皆有分星以視吉凶師古曰保章氏春官之屬也保守也言守天文之職也分音扶問反周爵五等而土三等公侯百里伯七十里子男五十里不滿爲附庸蓋千八

之後唐虞侯伯猶存帝王圖籍相踵而可知周室既衰禮樂征伐自諸侯出轉相吞滅數百年間列國耗盡

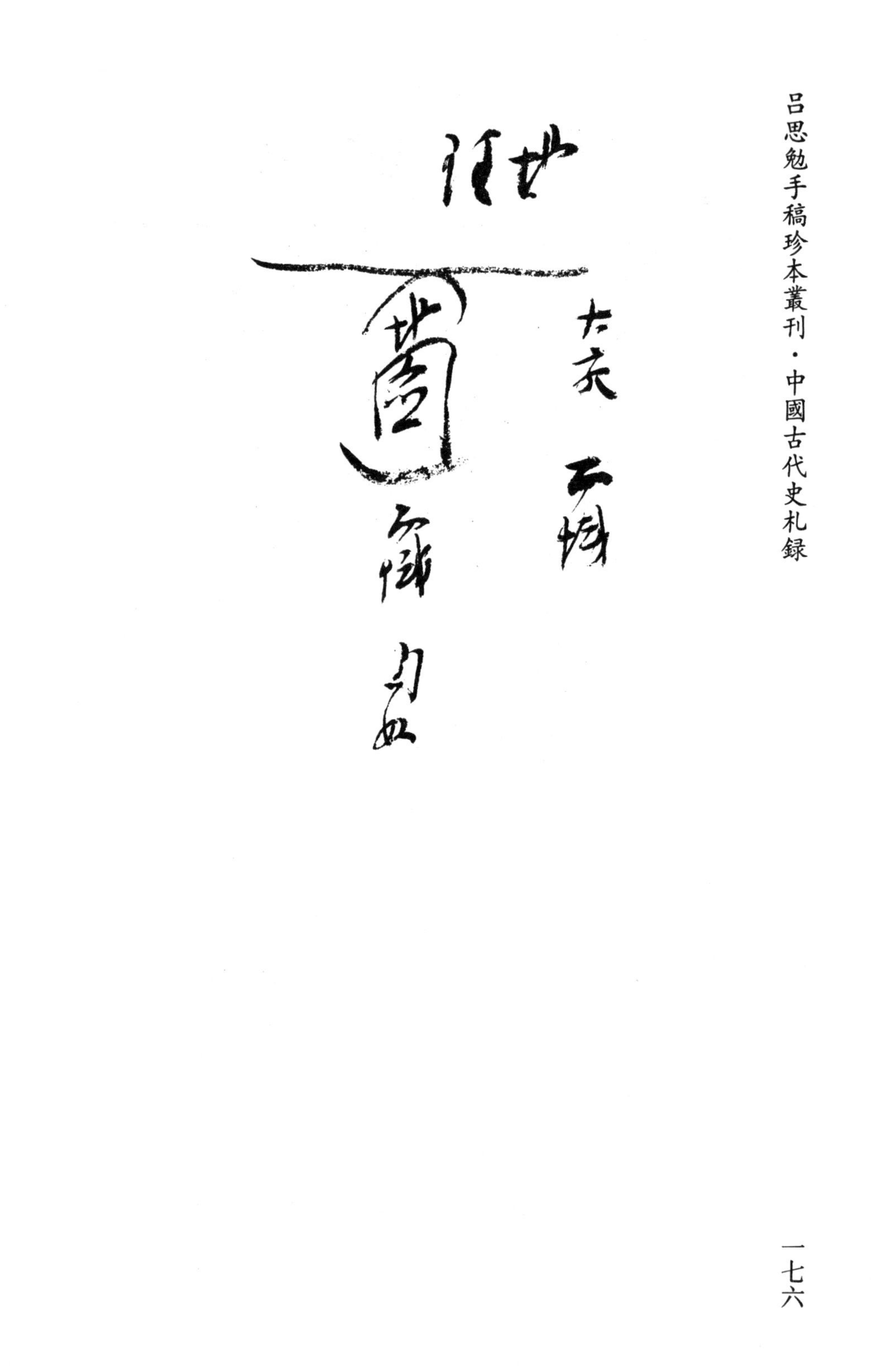

[illegible]

北周莽傳全

中大贅侯輔爲寧始將軍莽每當出輒先披索城中名曰橫披師古曰索音山客反橫音胡孟反是月橫披五日莽至明堂授諸侯茅土下書曰予以不德襲于聖祖爲萬國主思安黎元在于建侯分州正域以美風俗○宋祁曰分字下當有九字追監前代爰綱爰紀惟在堯典十有二州衛有五服師古曰並解於上詩國十五抪徧九州師古曰謂周南召南衛王鄭齊魏唐秦陳鄶曹豳魯商凡十五國也一曰周南召南邶鄘衛王鄭齊魏唐秦陳鄶曹豳是爲十五國抪音普胡反○宋祁曰國字當作曰殷頌有奄有九有之言師古曰商頌玄鳥之詩美湯有功德故能覆有九州禹貢之九州無并幽周禮司馬則無徐梁○宋祁曰淳化本無無并二字帝王相改各有云爲或昭其事或大其本厥義著明其務一矣昔周二后受命故有東都西都之居予之受命蓋亦如之其以洛陽爲新室東都常安爲新室西都邦畿連體各有采任州從禹貢爲九爵從周氏有五諸侯之員千有八百附城之數亦如之以俟有功諸公一國有衆萬戶土方百里侯伯一國衆戶五千土方七十里子男一則衆戶二千有五百土方五十里附城大者食邑九成衆戶九百土方三十里自九以下降殺以兩師古曰兩兩而降也殺音所例反至於一成如淳曰十里爲成五差備具合當一則今已受茅土者公十四人侯九十三人伯二十一人子百七十一人男四百九十七人凡七百九十六人附城千五百一十一人九族之女爲任者八十三人及漢氏女孫中山承禮君遵德君脩義君更以爲任十有一公九卿十二大夫二十四元士定諸國邑采之處使侍中講理大夫孔秉等與州部衆郡曉知地理圖籍者共校治于壽成朱鳥堂予數與羣公祭酒上卿親聽視咸已通矣夫襃德賞功所以顯仁賢也九族和睦所以襃親親也予永惟匪解思稽前人師古曰解讀曰懈稽考也將章黜陟以明好惡安元元焉以圖簿未定未授國邑且令受奉都內月錢數千師古曰奉音扶用反諸侯皆困乏至有庸作者

地理

日南惟五月五日〻真在南

漢書補注比景

地理

吳江縣舊志作[illegible]壽里無，今鄉名[illegible]

[illegible]字一[illegible]三[illegible]字一[illegible]乃今[illegible]

[illegible]字郡一[illegible]

[illegible]集林卷十二[illegible]

[illegible][illegible]

遼陽

今稱石[illegible]

地理

一

從玉門關西南去數樓蘭東北即

今玉門縣

薇米紛華林巷東南二百尺

地理

圖經

圖經考卷三　圖經與方志之異

東方朔所以經名者以其蓋擬之圖經也不著其文

足爲經證也

此經所無者畫圖其序例云唐宋郡志多有圖

經與說之別傳序例尼世既久圖亡而經獨

經藝

又如此書札馬援字録至事

地理

河山兩戒之字誤

漢書補注天文志「天市中」下　廿九頁

地理

圖經

文史通義八為張吉甫撰大名縣志序

地理

魏以漢代縣地爲東代郡

地理注同右

地理

平地松林　唐松漠府

見遼史廿门

地理

潼關置於季漢函谷之廢於正始

徙關新安

地理注の二十九

大鶴地理注16了

地理

劉印同

山經

注の·十八

地理

山麓同而峯巒別

此種作此注以行

連麓異名

渭水注1929

魏晉

司州之名

兩漢州郡治所

地理

漢改洛為雒魏又改洛

地理洛陽清汴

地理

以鑿破呂梁

水經注廿五·廿

地理

地名之誤

水經泗水注：(穀城)城西北三里有項王羽之冢。。。今彭城穀陽城西南亦有項羽冢，非也。余按史遷記，魯爲楚之守，漢王示羽首，魯乃降，遂以魯公禮葬羽於穀城，寧得言彼也。

魏東以項王時代之近，史遷記載之明，而其謬誤猶如此，其他尚可信乎

又案吾鄉水經注之陋

水注里之事定吾者

故老傳說之謬可看此八第四

地理

東陽南陽

水經清水注九二

地理

洋河山名

水理溫水佳

卅六、十六

地理

劉澄之謂沅出東[illegible]枝入海

水經沅水注　卷·卅七

不韋縣乃漢武徙呂嘉子孫

出擅信卷七·三

右郡

六朝人稱望郡曰右郡縣曰右縣

地理

方溪

水程流水清

卅七、十九

五嶺

水經注卅八.の

北平

趙雋非赵趙義

山樓往　廿六．五

萬册

明清江見册擇注 卅四・十

右古峯

此擂江中之言右甘此峯亦此皆兩峯見趙

彥衛雲麓漫鈔

地理

隴坻隴坻之異

出種河州 二〇三三

河渠

山海經以敦薨為河源

水經河水注二卷十四至十六頁

地理

圜陽圜陰不當作圁

此據注三·廿

地理

西楚，三楚之一

水經渠水注四十

地望

南楚之 東楚之 西楚之

水經 獲水注 23/21

〃 淮水注 卅/10

地理

持浪津

水經渠水注 22 28

地理

同州滿城縣爲蒲城之譌蒲城始後魏

出擇法十二・廿八

地理

紇于山

即紇真山　在朔州鄯陽縣東北卅里

見寰宇記

地理

諸葛亮所攻祁山

水經漾水注 20下

地理

氐道所在

山經注 90/18

地理

分水嶺

見水經漾水注 20 1

地理

三巳

地理蒲山法

2014

地理

諸葛緒邀姜維之牛頭

水經漾水注 20/12

地理

銅陽音紂乃奪文當音紂紅反

水經注 21/16

地理

地志當言山川不當言郡縣

更補說　此種付附錄下三

地理

繼取輯乃地名，在此得之最好，將來補錄補注重

學義補經郡縣考附圖——新疆後以下未列，而三篇亦以上之為人

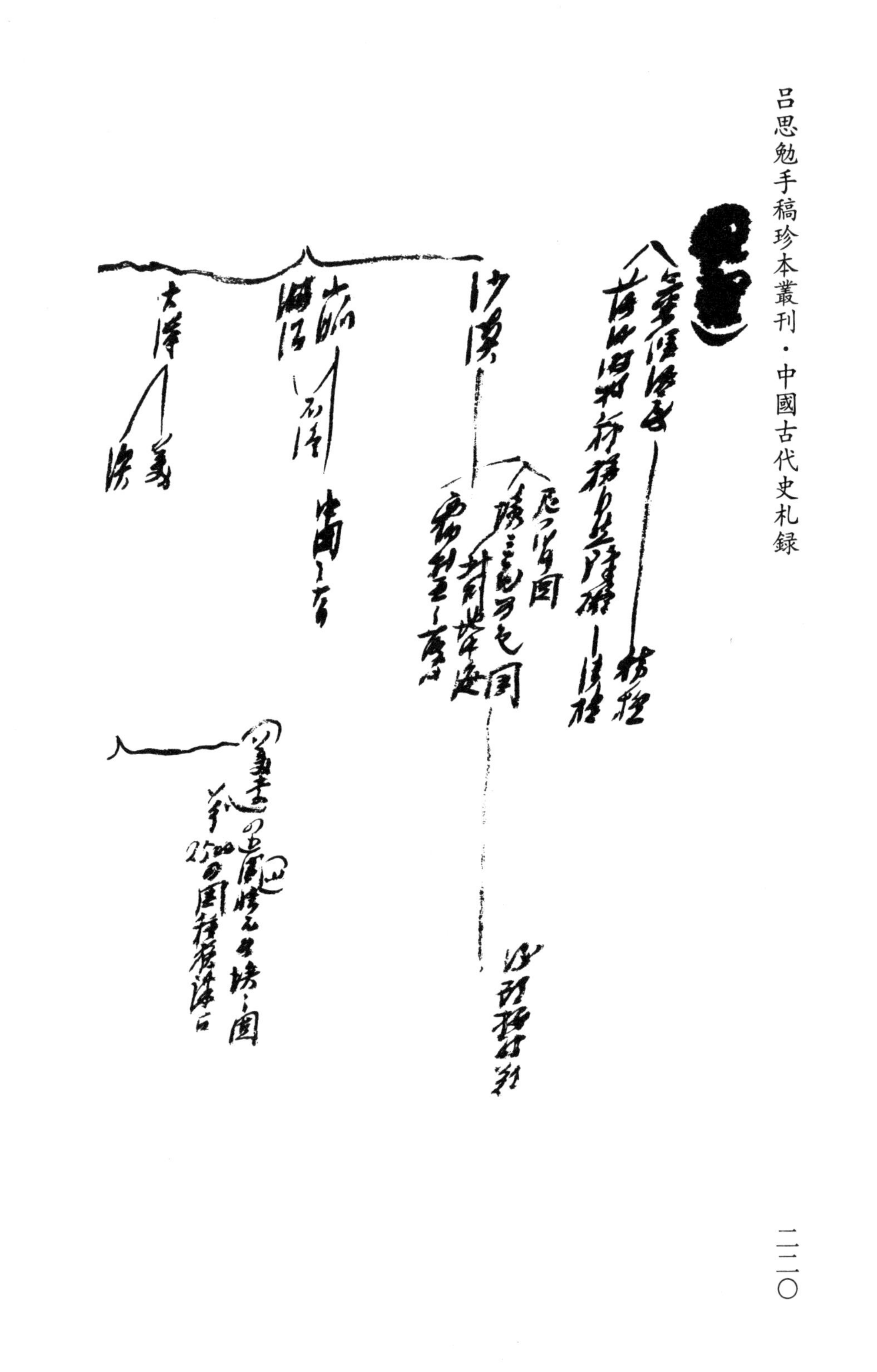

[redacted]

[illegible]

沙羨

臨淄

[illegible]

大澤

[illegible]

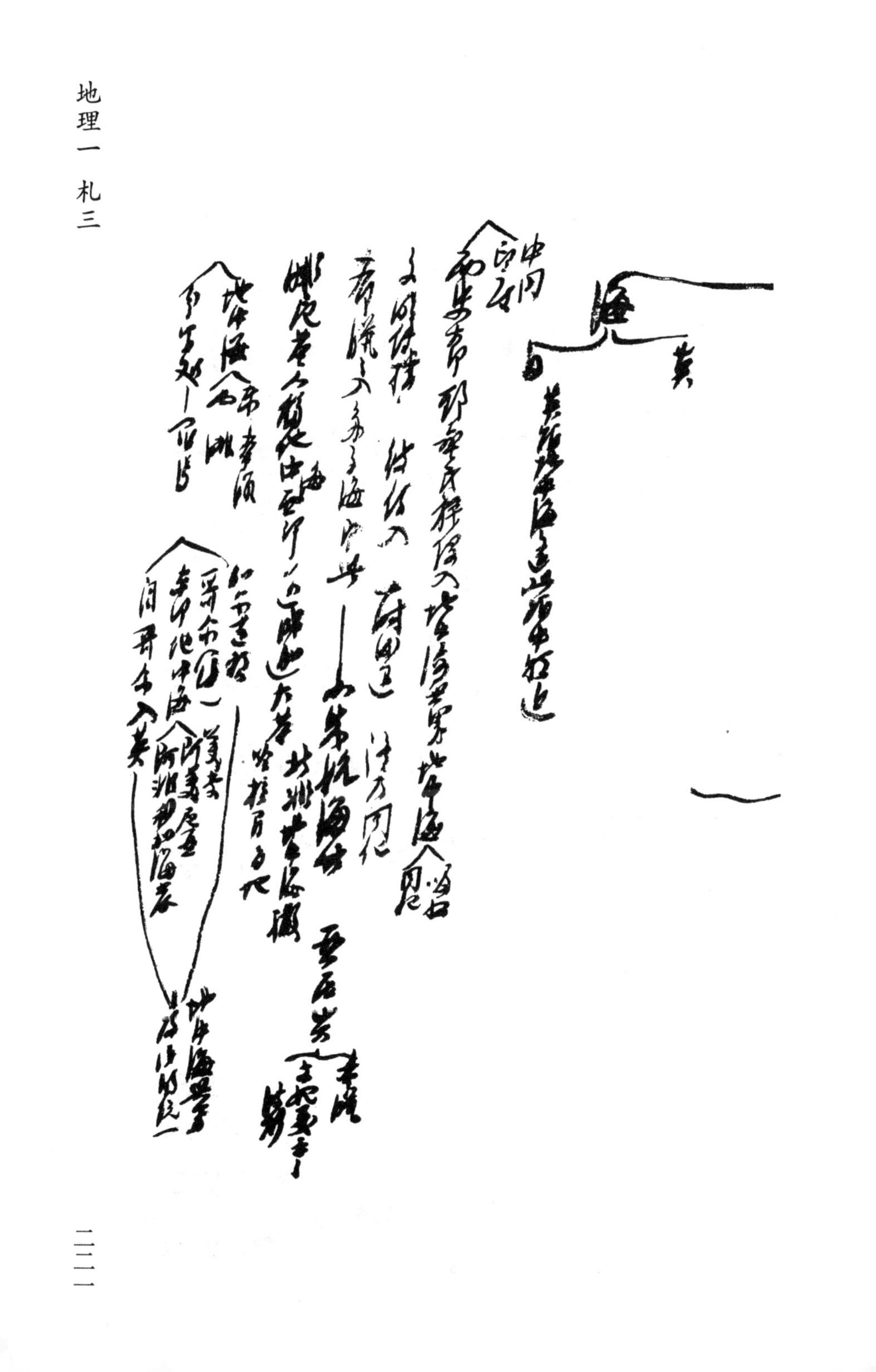

海

英

英[illegible]海[illegible]地中海[illegible]

中間印度

而[illegible]入地中海[illegible]

[illegible]入[illegible]

[illegible]入[illegible]海[illegible]

[illegible]出[illegible]海[illegible]

地中海[illegible]

[illegible]入英

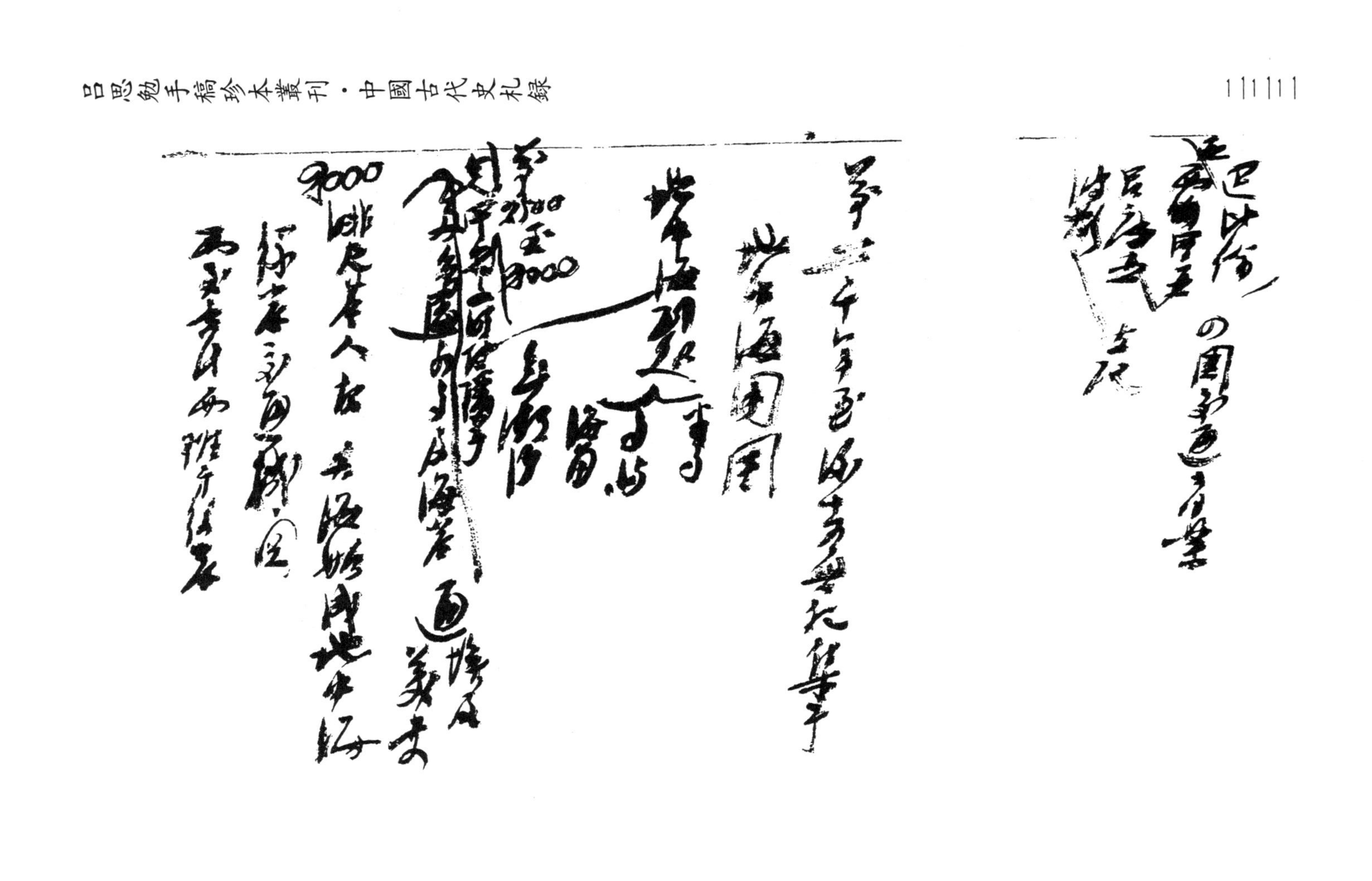

[illegible]

9000

[illegible]

9000

[illegible]

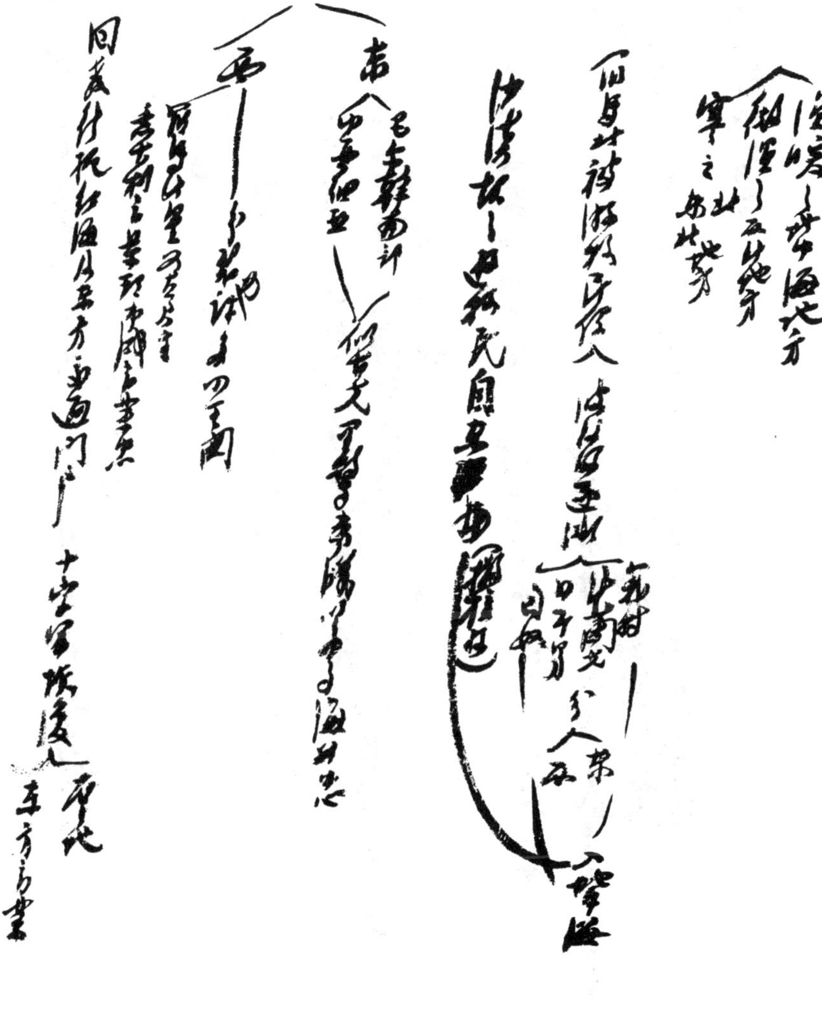

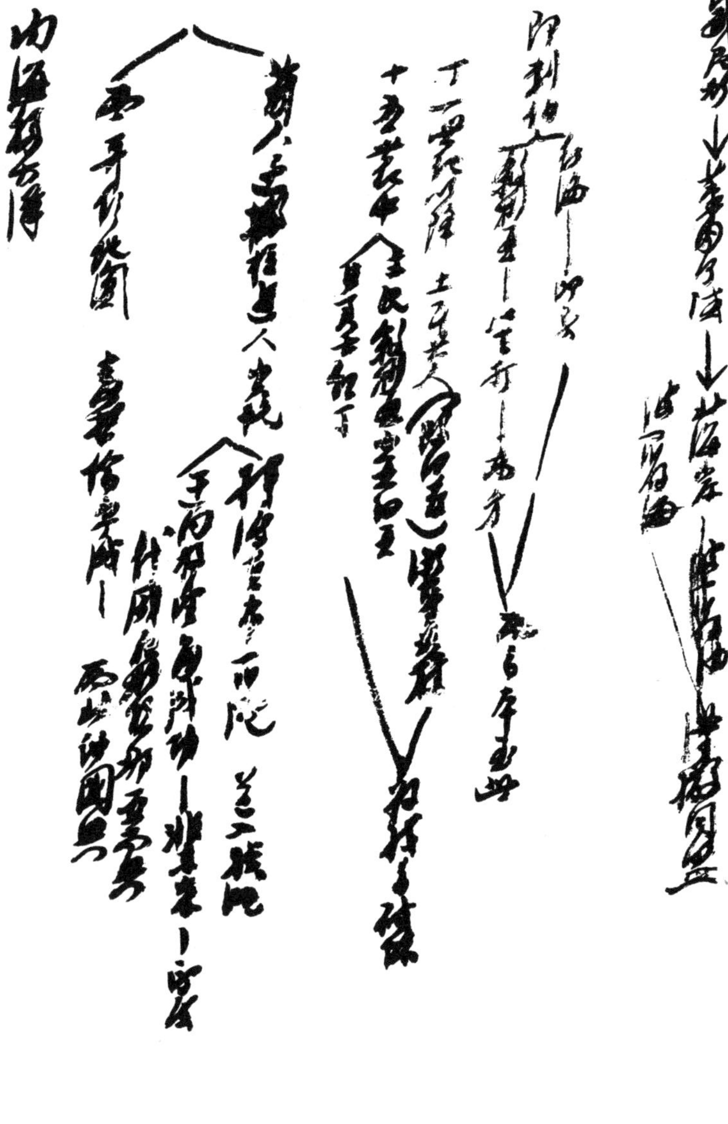

（墳山）民賈經良陞　初四癸

係姚姓山上墳塚　且壇一脉係與

本處一統一切無移

在義年和並送安刻共姚不在軋閣同保

本府备安飭閱此

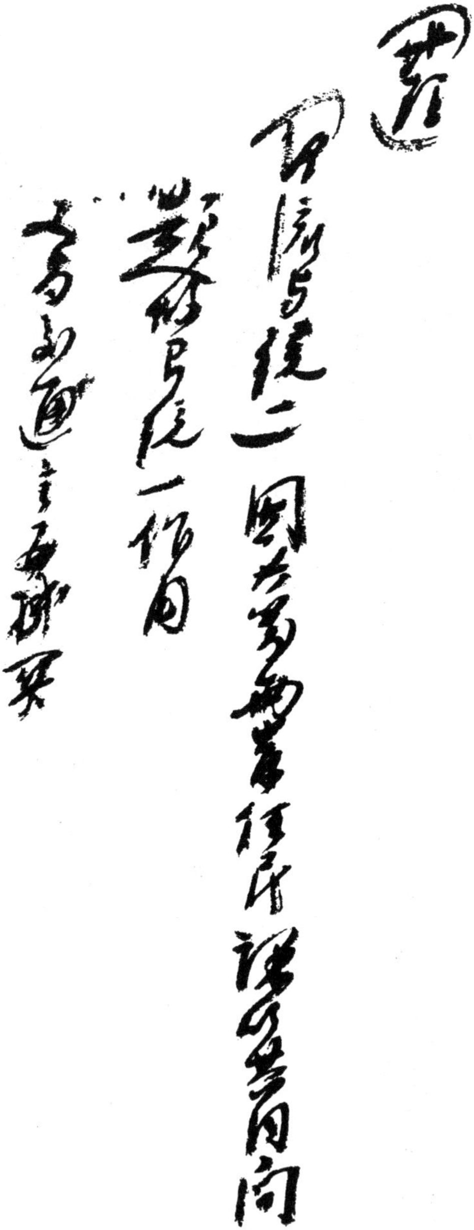

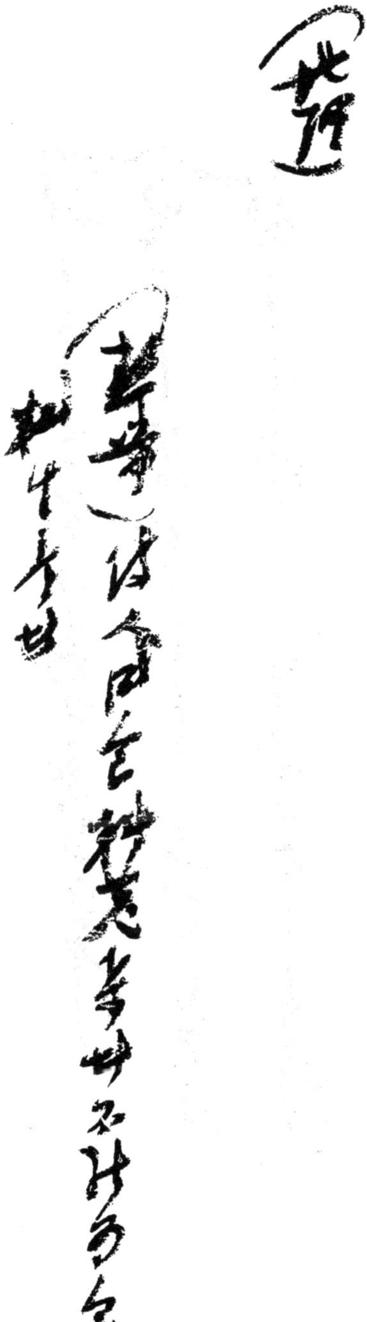

石

始——一百五十萬至五十萬年

舊——五十萬——一萬——燧石

新——紀元前八千至五千年——陶器

青銅器————黄花

地理

一八一二八国民政府国务会议决定县

陕阳石涛陵至宁专辖山陕陕陵佛

人称三峡

也

皖修後臨衆叛

廿二年紀臯陽西境物價甚賤

邵集

自葵山畫郡新設主權嘉山凡六

十一至廿六千五種

滇省兩路改名
已經國府核准

（南京）內政部近據滇省府咨、該省永北縣名詞不雅、五福縣名、查無根據、擬將永北改爲永勝縣、五福縣改爲南嶠縣、經國府核准、通令各機關知照、（十四日專電）

地

福建光澤與徽婺源畫歸江西

廿三、一、七、四中央政治會議通過了

地

婺源光澤

廿三六畫歸江西管轄

滇豫增改縣治

【南京】滇硯山設治局、改設縣治、豫盧氏嵩縣內鄉三縣、面積太大、各劃一部、新設欒州縣、又汜水廣武滎陽三縣面積太小、財賦不足、併成成皐縣、均經內部核准、（廿五日中央社電）

廿四・十二

雲南靖邊行政區改設屏邊縣

二二·三·一六　行政院照准

地理

貴州南籠縣改安龍

邛水縣改三澗

廿年事

地

青海囊謙縣

卅二年十二月間設縣治設色鈍馬

十二月廿四日內部通令遷四

地為入藏孔道

又民和縣因交通不便由之治古鄯驛移

駐川口

地

寧夏中寧縣

本屬中衛縣因黃以南隔治理不便撥

地理

阿山道屬各　加爾根河　承化寺之西縣

地理

●記憶八大行星與太陽距離之簡法

秋光

八大行星與太陽之距離若干甚難記憶十八世紀倭爾夫Wolf 鐵第斯 Titius 創一新法則而鉢德Bode 完成之至今稱爲鉢德之法則爲其法如次所述

如此有一列之數第一位爲零第二位爲3第三位爲3之二倍以下遞增二倍

即 0 3 6 12 24 48 96 192 384

各加以4更除以10得 0.4 0.7 1.0 1.6 2.8 5.2 10.0 19.6 38.8

此等數之比略與各行星至太陽距離之比相合惟須注意者火木二行星間有小行星亦須列入焉今以各行星實際之距離與上列之數比較如左

星名	實際之距離（以地與太陽距離爲單位）	鉢德之數
水	○·三九	○·四
金	○·七二	○·七
地	一·○○	一·○
火	一·五二	
小行星	二·六五	
木	五·二○	
土	九·五四	
天王	一九·一九	一九·六
海王	三○·○七	三八·八

當鉢德發表此法則時尚未知有小行星及天王海王二星也一七八一年侯失勒Herschel發見天王星測定其距離與鉢德定數相符一八○一年以至今日發見小行星共九百餘其平均距離亦與鉢德定數相差無幾至一八四五年 le Verrier與Galle發見海王星則其距離與鉢德定數相差較多焉

此法則或製一公式以括之即 $\frac{4+3\times2^{(n-2)}}{10}$ N爲各行星之次序例如金星之次序爲2則N爲2而N-2即爲零因之 $\frac{4+3\times2^{(n-2)}}{10}$ 即爲 $\frac{4+3\times2^{0}}{10}$

依數學理2之指數爲零則2即爲1故 $\frac{4+3\times1}{}$

$\frac{4+3\times\cdots}{10}$ = 0.7 地球之次序爲3。則代入公式爲 $\frac{4+3\times2^{(3-2)}}{10}=\frac{4+3\times2^{1}}{10}=1.0$ 照此類推無不相合惟水星之次序爲1。代入公式則式中2之指數爲負一。依數學理2即變爲$\frac{1}{2}$而 $\frac{4+3\times\frac{1}{2}}{10}=0.55$ 與鉢德所定第一位爲0.4不合。故此公式不免有缺憾焉。

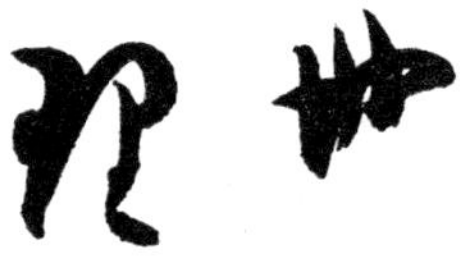

測量海洋之深淺其法不一普通以繩垂至海底訖而量之即可知矣而不知海洋之深者不下五六哩如依上法而爲之恐非易易近由美海軍部發明一術極爲簡易無須器械乃利用科學思想者也爰錄之於後以供喜研究科學者一粲

方巨輪駛行海中其船頭與潮浪相撞其聲漸漸而下直至海底於是有回聲而計算潮浪聲與回聲間之速度計每秒約四千四百呎即可知矣夫計算此項速度的表非平常者可用必須定製無鐘點祇有分秒並將每秒細分爲五者方可應用

據美國海軍部稱此術業經試驗多次實係準確異常故近日特派兵艦多艘專事測量海洋並謂前途如有冰山其回聲則迥異於平常庶可不致遇險此術誠航海界無上之大發明也(乙種酬)

地理

◉火井研究

志平

四川有兩樣特別的東西。就是鹽井火井。有鹽井的鹽水用火井的火煑他。利益是很大的。井水含鹽沒有什麼奇怪。井裏出火彷彿是很奇怪的。其實也沒有什麼可怪。夏天穢水池裏邊常發一種氣泡。這種氣叫做沼氣。沼氣是可燃的。沼氣在煤油礦的表面很多。（煤礦裏也有。這次唐山煤礦就因爲沼氣一炸。死了好多的人。）四川火井一定是這種沼氣。（或雜有他種氣體）他們把井裏的沼氣用管子通到鹽鍋下。用以煑鹽。我聽四川人說。打火井的常常成爲煤油井。可見四川那一帶。一定是煤油礦很多。這沼氣一定是從他的表面上出來的。由此看來。火井也沒有什麼可怪。（乙種酬）

地理

地球之兩極

徐詩鶴

地球之有南北極。凡稍有科學智識者。類皆知之。顧以其地奇寒。人跡不至。故其中事跡。多不經人道。美國艦長柯克(Captaiu Cooks)潘萊(Perry)二人。實為探險北極之始祖。而首先往南極探險者。則為英人史考德氏(Captain Scott)。據云兩極皆奇寒。北極陸多而水少。南極則水多而陸少。厥後世人以科學的理論証明。北極較南極為暖。其理由有三。列式如下。

北極
㈠少水。受熱易。
㈡時有時令風。熱流。日本潮。
㈢夏長(九十三日)冬短(八十九日)
故暖。

南極
㈠多水。受熱不易。
㈡無日本潮熱流等。
㈢夏短(八十九日)冬長(九十三日)
故寒。

加拿大北部。離北極甚邇。其地土人。每築冰為居室。及暖而融。於此亦可覘北極之奇寒。而南極更無論矣。然北極雖奇寒。而有時氣候能熱至九十度。惟此特偶一遇之非常能如此者。南北極各有日夜。約延長至數月之久在若北極常在光明中。則南極常在黑暗。反同。

南極所包括之陸地。總計之。富較歐洲全洲為無人能證明之耳。近世歐美各國頗注意於兩極探險事業。惟皆無甚結果。深望此後各國飛行探險隊。對於兩極之事蹟。有所貢獻。則非但能於科學上闢一新紀元。且可增吾人不少興趣也。(乙重訓)

總論　　　　　　　　　　　　　　鐘

地球圓里。七万二千（東方雜誌之一頁）

五洲命名。亞細亞州乃古安息轉音，蓋西人分大

地爲五洲，其亞洲名昉于希臘，始將一境，其大洲乃

舉以稱其全洲，希人謂其國之西境爲歐羅巴，旋及

爲加達我諸部，以昭羅馬利加，其後遂以稱全洲之域

濱海諸國之總名，亦稱亞細亞分五洲之名稱各別

歐之日亞細亞、、、、若澳大利亞主要起

細亞等，亞[illegible]諸[illegible]如[illegible]之[illegible]

例如[illegible]

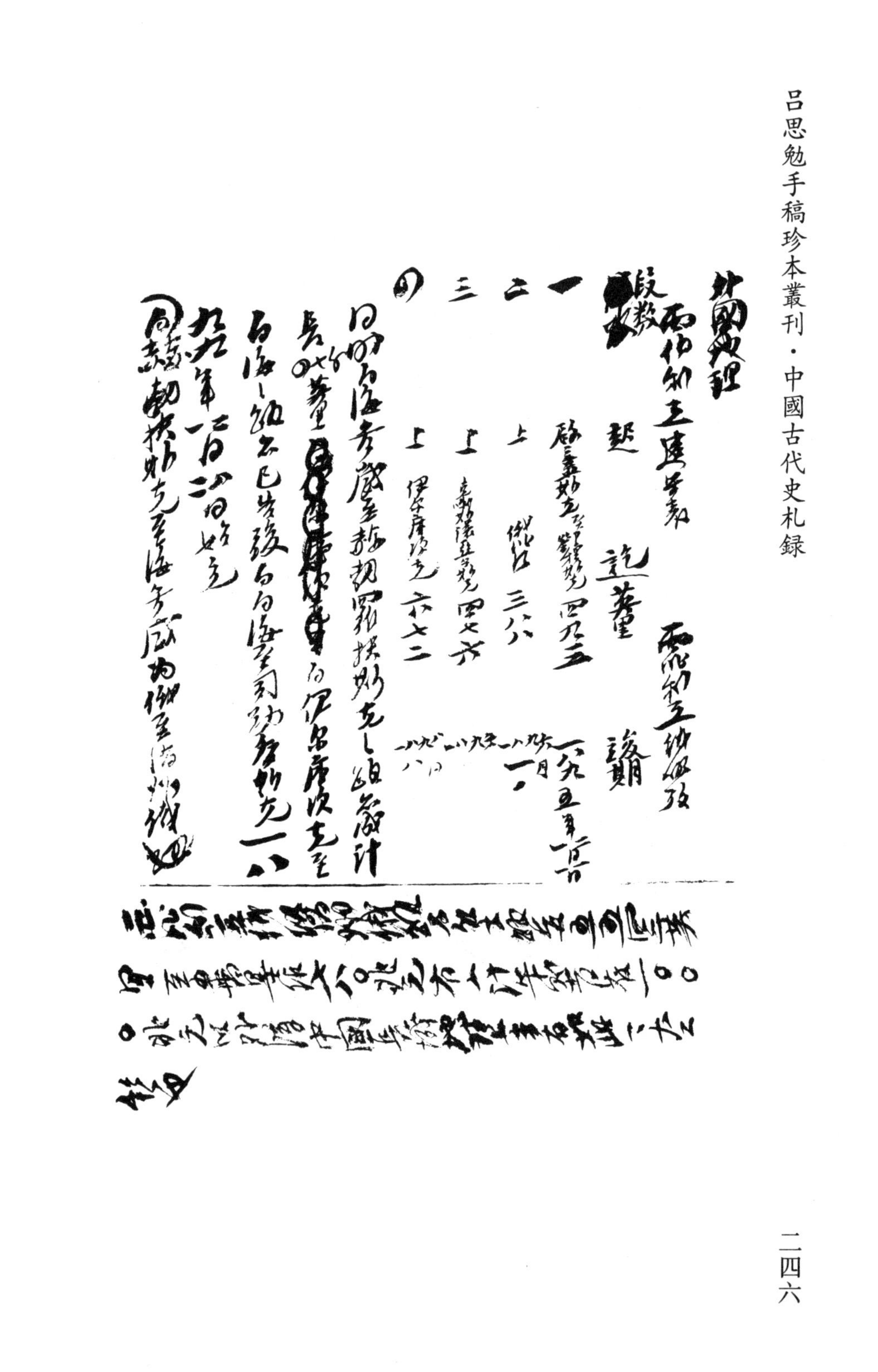

外國政理

段數	西伯利亞鐵路里數	起	訖	西伯利亞鐵路竣工日期
一	四九三	[illegible]	[illegible]	一八九五年十一月
二	三八八	上	[illegible]	一八九六年
三	四七六	上	[illegible]	一八九八
四	六七二	上	伊爾庫次克	一八九八

[illegible]

[illegible]一八

[illegible]

[illegible]

出此線[illegible]五百五十英里至中[illegible]六八〇[illegible]一〇〇〇[illegible]中國[illegible]

地理

帕米爾

本在波哈拉王衣米爾治下一九二五年三月組織塔雞克社會主義獨立共和國一九二九年十二月五日加入蘇聯為七共和國之一

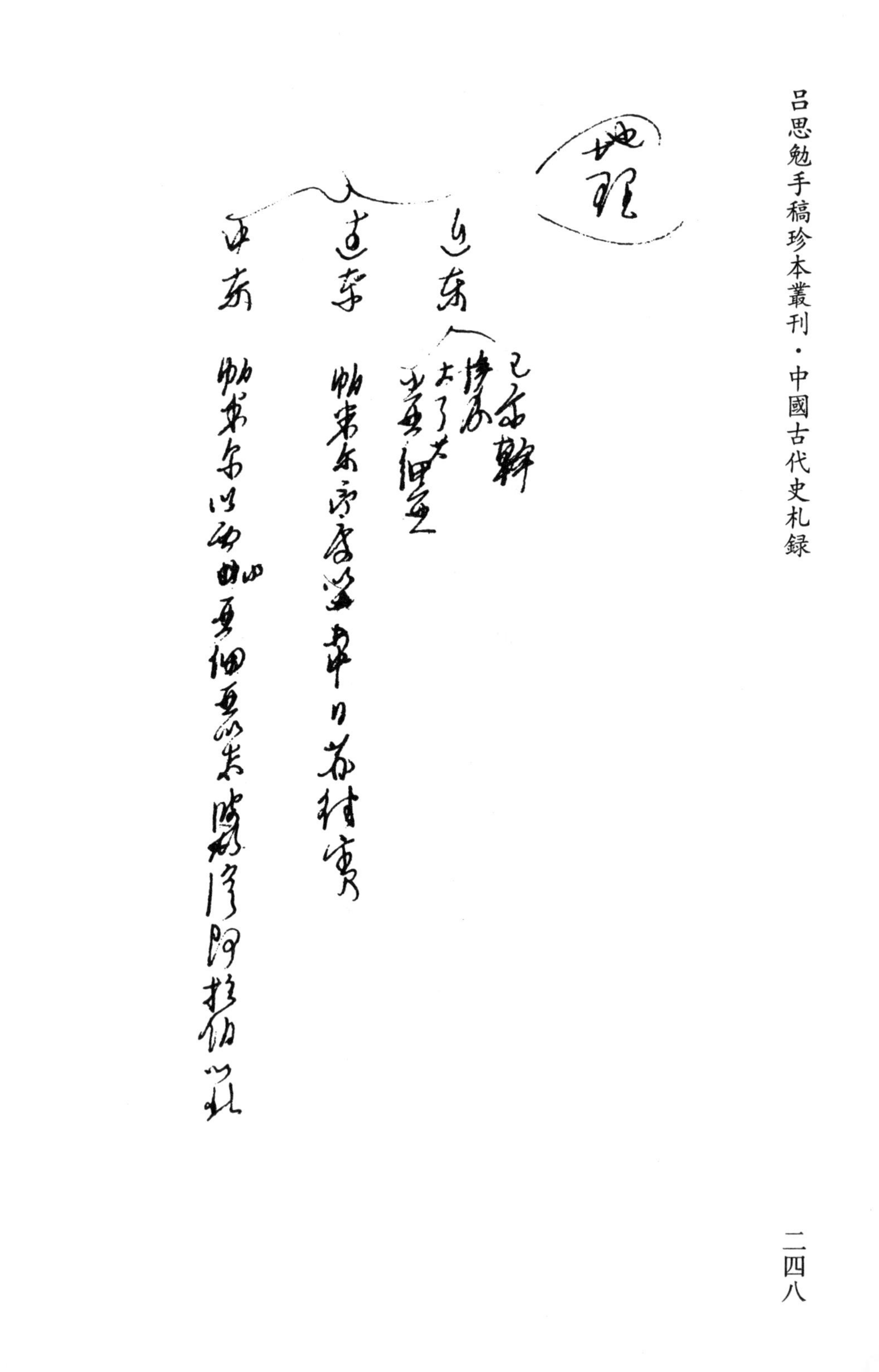

地理

遼東 已分輯 [illegible]

遼西 [illegible]

河東 [illegible]

地圖

稿圖粵省順圖　小字八開了云

地理

汴水　隋運河

路史餘論　汴　三十

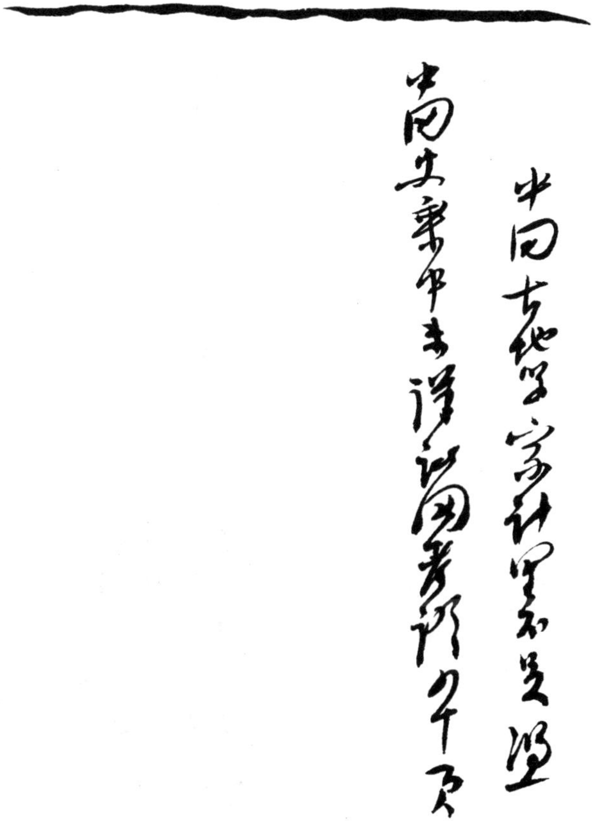

地學

圖經

天下書之郡志與記職方凡圖經非始於隋

唐制五年一修圖與版籍偕上

地理一

古以漢族爲中土之通名

山海經十七、六三八

但舉二京者盡極至[illegible]極

大業東極西

此一處僅九一三万人

地理

[illegible]

按舆地志云晴川阁故址　按舆地[illegible]云[illegible]乱
[illegible]才论[illegible]志[illegible]
一书柳之生[illegible]郡云志共存古陵志亦载
然此[illegible]年[illegible]在[illegible]祖[illegible]代[illegible]今[illegible]传
一[illegible]
一[illegible]三[illegible]
至[illegible]地[illegible]志之说
请[illegible]通[illegible]文
与文核[illegible]通文

地理

近東遠東中東。中國日本與印度等亞洲東部近太平洋習稱遠東，土耳其敘里亞伊拉克伊朗阿剌伯等亞洲西部近地中海習稱近東，或稱巴爾幹半島爲近東，則稱此爲中東。皆無確定界限，而以歐洲爲本位也。

地理

文化區域。見社會科學史綱二冊頁148各有特殊之個性歷年
久而同習而人生地理真區單位　研究當就一小區域見161
生活種類與天然區域之關係見149 161　地理區域為天然
區域歷史區域乃政治區域之時多不合因人定政治區域時
破壞孔多也
歷史之地理　地理之歷史。見文155 156 161
地形史　歷史的生物地理。見文157
歷史地理包政治地理、廣義人生地理、文化歷史地理
滄浪三澨考　求古錄禮說十
首陽山考　同上　十四

呂覽有始覽九野

中央鈞天　其星角亢氐　韓（漢志）
東方蒼天　房心　宋　尾　楚
東北變天　箕　燕　斗　吳　牽牛　越
北方玄天　婺女　越　虛危　齊　營室　衛
西北幽天　東壁　衛　奎婁　魯
西方顥天　胃？　昴畢　趙
西南朱天　觜巂參　魏　東井　秦
南方炎天　輿鬼　秦　柳七星？
東南陽天　張　周　翼軫　楚

十二次。周官春官保章氏以星土辨九州之地。所封之域。皆有分星。

以觀妖祥。」注「星土。星所主也。……其書亡矣。……今其存可言者。十二次之分也。星紀吳越也。玄枵齊也。娵訾衛也。降婁魯也。大梁趙也。實沈晉也。鶉首秦也。鶉火周也。鶉尾楚也。壽星鄭也。大火宋也。析木燕也。」

十二風。又「以十有二風察天地之和。命乖別之妖祥。」注「十有二辰皆有風。吹其律以知和否。其道亡矣。」疏「考異郵。……八郵重八風。……通卦驗云。二月六月九月十二月皆不見風。」

湯都考（求古錄補說十）　湯冢（同上）

湯與桀戰之鳴條以條卬聲所本　都安邑辨（同上八篇）

地理

郘鐘即呂錡之呂。魏以其地，故有呂錡。觀堂集林郘鐘跋（十八）

京字起公劉居豳時，有高丘，因以而地名，更以以名天子之都。

經訓書院自課文釋京

梁岐皆稱域，山西縣猶冀州之故。如古徵五釋送北儒河北

人生地理學。自然及於人之影響　自然總指物質界所有，謂地當包全宇宙言　所謂人乃指社會　生物地理學包動植人生三者

地理及於人之影響。分道路限制之域　現代知本料分配運輸之交通方法　地面分布非偶然　環境似則職業同　適應非服從。改變地球外層之力人類最強　如荒野難關沙漠

地理

成長田故觀自然對人類之影響亦觀人類對自然之反應[redacted]體格特徵與地理無涉惟分布遷徙與地理相關治此者乃可稱人類地理學見社會科學史綱人生地理學頁卅又人生地理學別稱人類地理學見葉附

人類分布視水陸形勢土地富力氣候 其遷徙稱歷史的運動和人類起原地出發散布遷徙本族外移外族內移於旅[illegible]直對掌侵略征服殖民流成異族雜居皆是

政治地理學。自簡單之政治組織至成立國家與土地之關係見上頁

流通遷徙。見社會科學史綱上冊頁96謂人與物在地面上移動以調劑人力物產之盈虛求其均衡 遷徙之觀念在實易觀念之先

地理

漢書楚元王傳劉向上奏：「書曰伻來以圖，天文難以相曉，臣雖圖上，猶須口說，然後可知也。」案所引乃今文尚書之辭也。

似言地圖最著者

王充言醴泉即甘露，而儒者以爲從地中出。論衡是應篇

三國志裴潛傳子秀「禹貢地域圖十八篇」，在裴注也。廿三8上

地理

清末則移廣西省会于南寧者是　光宣列傳2330上

則府興國一統志圖了不足據　文2337上

衡陽州府　文2336下

閩撲列閩兩城南(之)　菜蒲昌城(文2348下)(文2358上下)

興和陶林武川五原東勝五廳併諸蒙旗雜務

始建(文2410上)

地理

汎此讀舊說言凡今從御人守之畜社（比下）

鄒（漢紀作上五上　上九上）

茂陵方家郡治臨靈（漢紀上）

居延由故地名縣以稱居延人置（漢六上）

便五谷閒於新秦以故閒曰弘曲辰縣（漢本紀元鼎三）

茂陵方攸縣治常都（漢六上）

漢北地郡（漢六上）　安北地郡（漢廿上）　安北地郡（五三上　六上）

茂陵方臨屯真番（漢六上）

昭紀始元五　罷儋耳真番郡　本紀之未嘗稱儋耳之真番稱真番　案昭帝本東付世年四月

地理二

毛真寫以爲

粵輿全覽

昭紀元鳳五「罷象郡分屬鬱林牂柯」字省西云

「漢陽西部也城象郡置日南郡以地理志證之」此

則無象郡且日南郡固始終未罷也　地理志日南郡故秦象郡

有汶山郡并屬　宣帝地節三

新秦中[illegible]不當造陽（案此當并來陰）

中閣〻在長安西南方陽〻在某州郡縣稱月長栘載〻

陝西隴〻明中國山川東北流其維首在隴蜀尾沒勃碣〻

渤海碣石（詳見天文書卷上）

地理三

「恆入滱音彄」上下音寇又音苦侯反 漢志常山郡上曲陽下(卅六上12下)、代郡靈

墊音徒浹反 廣漢梓潼下(卅七上17上)、巴郡墊江孟康曰音

疊之疊(卅八上18下)

升麻 漢志越巂郡收靡縣 李奇曰靡音麻即

升麻殺毒藥所出也

弄棟 漢志益州郡

王莽西海郡地 續志注引闞駰云臨羌西有卑禾羌即獻

其地為西海郡者也

地理四

遮虜障在居延（卅六下五）臨羌塞在湟山外（卅五）新酈

塞在流湟外（卅五）見地理志

師古曰凡言氏者皆謂因之而立名也 漢書叙傳注 顏氏注

郡縣之名往往以山為別稱 漢地志會稽郡萬縣注（卅六下之） 割山實證郡之名

漢書卷九十五西南夷兩粵朝鮮傳（卅六下九） 萬里外日南郡北 其民所居

朝鮮王滿者故燕人也 漢書卷九十五（四九下） 淮南子為□□之事 地理志□長□□□□ 地理志（卅）

至領胡虞之屬皆合國射（見漢書卷卅二） 顏注曰□□□ 漢書□□（卅）

以僕付此積入海居鳴中書時日海中有鳴 師古曰島

者反

漢書卷十三王侯表長沙定王發以其母微無寵故王卑濕貧國（五二下）

地理九

西域（隋五四上）

鳩見隋書馬杜賢傳（隋五七上下）

廣漢石廣郭璞音汝授反（隋六三上）

淮南王諫伐閩越，以地圍林莽，山川瘴塞，蛇龍所生，甘毒中當

猶藪也，言其阻險林藪，如計畫籍視之，若易，行之甚難

（隋五四上六四上）

胥靡之刑，謂居賢之下，爲築地而已（匈奴），此行之，至遠以大

而何指此州斜（隋六〇下）

鄖國（漢書衛將以之清）南陽地境（隋九四上下）郎宗陵延陵陽閭地，降稱

杜陵見游俠傳注（隋九二上）

模湖中（九九四上）

潘聲　潘音門閭，聲音門　漢書馬融傳注（六六八）

鷽鳥　鷽音學　漢書殷頌傳注（九五七上）

帝王世紀言分野　見續書郡國志注（五九九上）

帝王世紀言元始二年郡國縣邑數　續書郡國志注（五九九上）　與漢志不合　考證[illegible]

地理

齊桓公霸乃自周出一見於鄭注 不知出何

書亦未知其從何據

詩般疏

地理

南郢

公宣十三將軍子重請南鄙之与鄭相去數千里注南鄙楚之都

又定の蔡昭公朝乎楚之有美裘為囊瓦求之昭公不与為是拘昭公於南郢數年然後歸之

地理

亞細亞

譯言朝旁謂朝日之州

地理

亞洲名稱緣起

又方西洋

穆天子傳西征講疏 頁158 160

河渠

五湖即笠澤

左哀十七吳越戰笠澤 史記孔子列傳及越

杜作對於五湖說 錢坫

勉案：哀十七吳王夫差十八 吳世家「越王句踐

率兵使伐敗吳師於笠澤」

五湖墨子兼愛中五湖之處

川渠

震澤

偽孔傳吳南大湖 鄭古文說具區為震澤

周官職方揚州澤藪為具區 浸為大湖

為五

郭璞本足十藪·山海經南山經注 經云浮玉之山北望具區 注具區今吳縣西南大湖也

並以具區大湖為一

河渠

山海經岷崍江南崌江北並江水所出

中山經五．廿三—廿五

大江三源

海内東經十三．二

濛中即大度水

又十三．四

河渠

浙江清嘉說文曰澍蕃作制[redacted]河

海内東經都疏　十二日三

地理

九河

詩周頌解疏

地理

世謂以洪濤爲鴻濤

水經
獲水注
23
19

地理

本居延陵，以居州來，故曰延州來。杜云別名。

州來非楚，楚州來故楚地，後延州來邪。

見左昭廿三疏

區畫

西康建置始末

中國民族史下 177

地圖

一唐興慶大明宮圖石

中國考古學史 頁211

地理

魏鶴山師友雅言黄帝書云地在太虚之中大氣舉之又云天在地外水在天外表裏皆水兩儀運轉乘氣而浮載水而行又云地乘氣載水氣無涯水亦無涯水亦氣也二程與康節論及六合之外以兩峰中之周茂叔共知是也

賈耽道里記遼東海路今釋

中日交通史上冊 七十六頁

地圖

春官冢人掌公墓之地辨其兆域而爲之圖

又墓大夫掌凡邦墓之地域爲之圖

地圖

述異記魯班刻石爲禹九州圖

今在洛城石室山

李云魯班要其是古刻也

地理

五岳の山嶽

詩友迠人　山松高首章

地理

古代以五服萬六以下方千說者

古昔徼的繹道山北緣陽列二

地理

瀘水

水經若水注 卅六。678

諸葛戰國

華陽國志 卷4上

地理

中年有二

鄉理 滙集 鄉行 29 30

地理

大渠 中渠 南渠

此理往[illegible]了

地理

九江

收種法 卅八16 卅九15 19

地理

方成六伯蔡城

地理汝水注 91.10.11

地理

以舊名命新邑」

史記楚世家「楚東徙都壽春命曰郢」

考烈王

地理

「水北曰陽　山南曰陽」

穀信廿八文

地理

首陽山之說

漢書補注二十八上一河東蒲反

案唐風采苓采苓首陽之巔或所常游

所繇

地理

管涔山當作菅涔

山海經北山經郝疏　三·九

地理

「南北爲經，東西爲緯」

凡「緯經營原野」注　樓尋十六〇十二

此件

馬融云東西爲廣南北爲輪

周官大司徒以天下土地之圖周知九州之地域廣輪之數疏

地理

横嶺

越絶荆平王内傳 平王知子胥之不入也殺子奢并殺子尚 子胥聞之即從横嶺上大山北望齊晉謂其舍人曰去此邦堂堂被山帶河其民重移於是乃南奔吳

地理

步乃浦之詞

述異記卷下ろ乃七

地理

分野 分星

左昭七 衛大魯小 又襄九相土因之

事鄭說見周官保章氏注 大司徒

辨十有二土之名物注 疏案天文志云國

其星有鄭者上應列星之位注云若角亢為鄭

房心為宋其餘小國不中星者以為附庸也

地理

古通以中土爲冀州

墨子兼愛中 以利冀州之民

穀梁 鄭同姓之國也 在乎冀州

晉語子玉請殺晉公子 王曰……天之祚楚

誰能懼之 楚不可祚 冀州之地 土其無令

君乎 注 晉在冀州也 按注非

左哀六 有此冀之方 疏

地理

沛郡沛縣沛王皆沛之譌

說文句讀水部沛

二南不以地分

復禪堂文集卷三 二南分風說

禹貢山川皆當以經文爲據九山 九川 九澤 九河 三江 九江

書經通論、禹貢山川頁十六

句注當作句汪

淮南俶真大行石澗飛狐句望之險　莊逵吉云句望今漢書地理志作句注以義考之注應即汪字也

地理

壺口有三

孟門即壺口稍在吉州城北

漢書、補注廿八上一河東北屈

地理

楚韓皆有南陽非晉所啟

漢書補注地志 韓分晉陽南陽郡

地河

「成周者何東周也」

公羊宣十六 昭二十六

王城者何西周也

又昭二十二

「成王定鼎於郟鄏周公營者謂之洛邑

亦有王城其地實名爲郟故以郟爲城名」

左襄廿四齊人城郟疏

「姑蘇吳都名」

荀子宥坐注孔子南適楚

地理

「中國山川東北流其維首在隴蜀尾沒在勃碣」

史記天官書

楊ハシ　楊本作楊

淮南補注天文志云　牽牛織女楊ハシ下　十七ノイ

五嶺

補

漢書張耳陳餘傳南有五嶺

戍

地理

韓在芮城不在韓城

漢書補注地志及大夫韓武子食采於韓原

地理

「字書巾旁巳爲汜水旁巳爲氾」

左成四取汜祭歸汜音凡

地理

禹貢山川澤地不見漢志　漢志可以擇要[illegible]

見漢志補注地理志敘末

三條四列

馬融王肅皆爲三條鄭玄以爲四列見導岍及岐疏　禹貢夏本紀道九山索隱

俞曲園是四列見古書疑義舉例蒙上文而省例

地理

九圍九州之界也

外字閒居帝命式於九圍注

地理

「周既去鎬京猶名王城為宗周也」

祭統即宮於宗周注

地理

鄉名西澤

右文十三　鄉文五卜遷於澤跡

積石

大積石在西寧邊外西南五百三十里 唐時名

大積石元史謂之昆侖

西域水道記二章懷注後漢書謂之龍支縣小

積石北七十河州西南禹貢積石 通典謂之蔡伏撥

釋經 唐劉元鼎以庫尔坤山巴顏喀喇阿克塔心巴尔

布哈三山廻石爲河源昆侖 元潘昂霄河源志

火敦腦兒鄂敦他拉西河源大積石爲昆侖小積石

青禹貢積石

地理

四號

水經目水注四之叁

北陲

東貊即一完字

北陲何北陲西之

地理

無棣

水經淇水注九、先

[redacted]地理

楚丘

水經泲水注 八之廿二

田渠

星水

水理 植水法 共六二 蓄水法 共六三

地理

三巴

出撰江州條　共三〇十七

[redacted]河渠

禹疏二渠

水經注五·十七·廿三

齊桓塞八河

又廿

河渠 [redacted]

浮於淮泗，達於河，河當作菏

水經注六五九

河渠

大禹於滎陽下引河東南以通淮泗

水經泲水注 七・七

河渠

楚漢分界之鴻溝

水經濟水注 七、十五 渠水注 廿二、二十二

鴻溝

卷首之二 四三 五八

河渠

禹時河通淮泗

水經注廿三●十

河渠

隨邗溝與吳水流相反

水經注卅·二十

白渠

吴掘济商鲁之间

北撞何水法 第·十三

[redacted]河渠

蒲碭渠

出[illegible][illegible]水注 五三九

潁水注 226

河渠

桓溫掘渠通泗

水經泗水注八〇七。

河渠

沛蕭郡肖

水經沛水注

[redacted]渠

王景浚渠

此條目如佳　去、十

河渠

大陸有三

水經注六之五

三之畫口

又有

河渠

班桂及注言三江之誤

卷五九　頁廿四10、11行

河渠

王景治渠起滎陽至千乘

出捶瓠子河注廿四八

河渠

五湖

水經注廿九、五

[redacted]河渠

碣石淪海

此摘另附廿五之九

目錄

碣石

地理滿州住 十の、廿の

河渠

此種注不詳雖沮

卷廿四之八十

目錄

沮濡之別

明經傳卷十六卷卅一內

河渠

古籍讀注周官稻人溝洫

周禮注卷十六頁卅一九

河渠

江淮河濟相通

見孫淵如分江道淮論

白渠

導漾水之|漾水西漢

說見夏考信錄

大水或指海或指淮

月令爵入大水爲蛤　注大水海也　疏案國語

云雀入於海爲蛤故知大水是海也

又雉入大水爲蜃　注大水淮也　疏晉語云雉

入於淮爲蜃

勉案此可見古人之隨文訓釋也

地理

水之左右

左之最之陽虎曰右河而南必至焉 疏河

既北流據水所向則東西左右

地理

今文雲夢為一澤

史記探原卷二雲夢土

白渠

齊桓公塞九河同為一流

見春秋緯寶乾圖 禹貢九河一覽未足釋 既道疏以為同歸

又見詩四年正義引中候 詩般正義引鄭注

禹貢乃云不知者可布

河渠

邗溝

漢書補注地理志廣陵江都廿八下二　又溝洫十八

東方朔溝通江淮之間

河渠

九河故道

漢書補注 溝洫志 故瀆入河下 七頁

工許商以為至二百餘里 九頁

胡朏明謂禹導江由荊州下過石楞之峽

之繆

漢書補注二十八上之二南郡巫